U0070298

# 2

# 丁丁的

# 房產人生雜記。

# 推薦序 *Recommend*

很高興有丁大願意無私分享研究多年的經驗與資訊，讓大家能揭開不動產市場的神祕面紗。

「不要當房市叢林的小白兔！你的房市siri來了！」

讀者／任職 瑞昱半導體

中立客觀的精闢分析、精準地圖圖解、用心的說明與介紹，獲益匪淺。有溫度的文字，在人生很多迷惘時候，都很受用。

讀者／任職 國小教師

房地產知識可以學會嗎？

丁大專業且詼諧的文筆，讓你輕鬆建立屬於自己的房地產資料庫。

讀者／優豪病媒蚊防治消毒公司

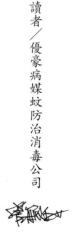

在開始接觸看房及考慮買房的時候（2020／01～2020／06），開始大量的看網路（mobile01北部新竹ptt home sale版）的討論，不過正反兩派都很主觀，偶然搜尋到丁丁的房產相關文章，覺得他的分析與資訊跟一般討論房產的主題差別好大，從他這裡獲得了很多其他地方看不到的寶貴資訊及觀念，也更加確認及加速我與老婆購屋的決定，相信他的書及他的文章分享，也能幫助到讀者，謝謝。

讀者／任職 美商 科磊公司

曾騰進

推薦您！想學功夫菜要看食譜，想買正好宅要看丁丁。丁丁總是中立又客觀地跟群友分享房產的方方面面，現在出書可以嘉惠更多人，立馬手刀購入！！

讀者／任職 益華電腦 產品工程師

Angela Lee

第一次看到丁丁是因為網路上的文章，會特別注意是因為文末有貓咪的照片，之後開始拜讀丁丁的文章，了解到房產不是只有買賣，還有人生態度與做事原則，讓人忍不住敲碗期待第二本著作的產生！

讀者／任職 頎邦科技 封裝測試設備一課

顏政平

擁有一個家，對你我來說，應該是一生中最大的金錢交易及一連串的攻防與不安的戰役吧～而本書作者對於房市的觀念及利弊的剖析，總是能從平衡的角度切入，不偏頗任一方，讓讀者能夠更清晰的看清黑與白，而不在灰色地帶中無止盡地打轉著。

讀者／任職 仁田股份有限公司

江和男

丁大精闢獨到，一針見血的論述，道出大家嘴巴上不說的事實，也著實震撼了我。能寫出如此文字，除了要有深厚的房地產功夫底子外，細膩的觀察心思也是必備的！謝謝丁大，願意分享所聞所思，讓我這門外漢受益良多。

讀者／任職 樂思化學

黃珮嘉

筆者多年在業界的經驗，讓人一瞥房地產這與人息息相關，卻又陌生的行業。人因未知而感到恐懼與猶豫，增加對這產業的認知，才能減少更多的懊悔。

讀者／任職 英商戴樂格科技服務有限公司

江凱祥

丁丁是位長期從事不動產人員，以自身專業角度提供大眾如何挑選適合自己的房子，詳細剖析賣方的成本與心態，教導買方應有的態度去面對龐大金額的商品。市場上經常聽到房產糾紛，除了買賣交易雙方沒有確實溝通外，相當程度是對於房產不熟悉所導致，非常推薦讀者們可以詳讀此書，對於房產世界將有另一番不同的體悟。

讀者／任職 力積電

林蓓憶

2019年開始我的新手找房之路，有幸得知丁大的房產消息！

每每看完一間建案，自己綜合評估之後，會再請教丁大。也感謝丁大與我分享區域發展與市場供需，甚至是營造商、建商的品質。最後讓我決定買下了我人生第一間的房子。

讀者／任職 致新科技

吳國榮

出社會工作一、兩年時，從沒想過要買房，覺得遙不可及就也沒想仔細了解，直到房東要把房子賣了（以當初買價接近翻倍的價格出售），身邊同儕也紛紛結婚購屋，才發現原來做足功課和準備，不需等到五年十年自己也能做這件事。

《丁丁的房產人生雜記》有許多面向的觀點解析，有邏輯地闡述房地產相關的觀念，破除許多對於買賣房子不好的傳聞與迷思，提供讀者更了解自身需求的方法。與其說是房地產觀念，更像是某種心靈雞湯，從開始鑽研到真的買到房子，是個重新認識自己的過程，當中有需多掙扎在理性分析後認份妥協就覺得心安。

讀者／任職 聯發科

Charming Chen

由於換房需求，在FB社團接觸到丁大的文章，文中對於整個房產的走向、地域及建案分析，均提出詳盡的資訊。後來有幸加入Line群，獲得更多大家交流討論的想法，也有助於之後找到理想的房子。希望藉由丁大的新書攻略，大家都能買到夢想中的房子。

讀者／任職 京東方

1987年，竹科旁買下人生第一個居所，之後陸陸續續換了三四幢。

不久前在FB上看到丁丁的房產雜記，正好印證了過去幾十年的購屋、換屋心得，有扼腕、懊惱、後悔，當然也有衝動下的慶幸。

丁丁的房產雜記，正是一個成長市場中，房地產的現象與心得，看看它，消化它，少走幾十年冤枉路，早些得到計劃下的慶幸。

自從2020年初開始關注丁大分享的房產資訊，學習到許多關於房地產的專業知識。不論是心態面或是實務應用上都有很大的幫助，從首次置產的房產小白到房地投資的老手都可以從書中學習到房產世界所需要的知識。

讀者／任職 華邦電子事業總監／新唐科技副總經理

在房產市場中有些資訊是一輩子也不一定有機會接觸到的，透過丁丁的文字便可一窺其中的奧妙，了解到市場的運作機制，進而逐步內化且完成自己的目標！

讀者／任職 Jacob Liu 餐飲資訊顧問 肚肚股份有限公司

我是一個平凡的音樂老師，因為想買房而發現丁丁的書，又因為這本書順利買到喜歡的房。這是本獨特的房產書籍，丁丁用亦文亦詞、簡單清爽的文青筆調紀錄艱澀生硬的房產知識，將大大小小的主題精煉於深入淺出、言簡意賅的文字中。閱讀本書就像站在先行者的肩上，以其視角與智慧，洞察房市中各種現象背後的道理。如果您除了房屋物件的表面資訊外，還想看到更深層的學問與意涵，誠摯推薦這本書給同樣想理解並擁有房產的您。

買房是幾百、幾千萬元的事，而一本書才幾百元。先買好書、再買好房。

讀者／任職 小小音樂

謝佳臻

丁丁精準的見解，打破許多房地產迷思，不管你是新手或是老手，看過絕對如獲至寶，功力大增！

讀者／任職 新加坡長江集團

第一次看到丁大的文章是在臉書粉絲專頁，覺得他寫出房產的事實也寫出很多酸民及小資族的心聲，但他不僅用從業人員的角度，反而用客觀的角度分析房產及代銷業，讓一般人得以了解代銷及建商這個神祕的行業，看了幾篇文章覺得寫得很棒我馬上去博客來訂書也送給朋友，聽到丁大要出書了很開心自告奮勇要幫寫推薦序，如果你想看到一本有別於名嘴們罵建商／酸民們一直看衰房價的書，推薦你細細閱讀此書，相信會有不一樣的收穫。

讀者／任職景碩科技

丁丁用心分享許多文章以及建案分析，深入淺出的分析房地產的種種細節。用一種不同角度的想法切入房地產各個面向，沒有任何立場，相當客觀。站在購屋者的角度，可以從中獲得許多相當有價值的觀念，值得推薦。

讀者／任職 工業技術研究院

百萬省思。這完全是我的寫照。

第一次拜讀了《丁丁的房產人生雜記》，百般震撼，彷彿書中描述的買方就是我，誠懇不浮誇的語彙，客觀分析了買賣雙方立場，專業之間還帶有詼諧字句。

這是一本好書，會讓你鼓起勇氣的好書，所以，我誠心推薦。

讀者／任職 科技業資深工程師 資深採購

林金貝

常常自己盲目地靠著自己一個一個搜尋還要自己一個一個跑現場看基地的我，一個機會認識丁大，透過丁大專業與細心的整理與直白的觀點與建議，讓一般真的想要買一個家的人，有一個希望與機會。與其聽其他人語帶保留的話術，丁大毫無保留的說出想法與建議，更讓人可以清楚這個建案是不是適合自身購買，丁大從不強迫任何人購買任何建案，這是一般人做不到也很難得的，真的非常推薦給你（妳）。

讀者／任職 營運副總監

Sharon

認識丁丁是一個偶然的機緣，發現這個年輕人不但文筆好，人品也沒話說，他的文章對於新竹縣市想置產的大眾有著非常客觀的評論，我建議大家在置產前可以先閱讀過他的兩本書，不僅能少走許多冤枉路，還可以安心成家，幸福美滿喔~

讀者／任職 永琦花藝生活館

在消息為王的台灣房地產世界裡，這本書可以幫助讀者建立基本的房地產觀念，讓讀者在未來買賣房地產有更正確的心態，誠心推薦細細品味本書。

讀者／任職 聯發科

房地產是人生中願景實現，財富累積，傳承資產的重要配置，丁丁以犀利又真實的口吻精闢解析其中奧妙。中立、客觀、卻又拳拳到肉，很像在欣賞庖丁解牛的斷面秀，非常推薦一讀。

讀者／任職 永達保險經紀人籌備處經理

王台生

丁丁不藏私的分享，用簡潔易懂的詞彙，條理清晰的說明房地產世界的各種情況，精闢客觀的立場分析買、賣方各個面向的眉角，讓身為房地產菜鳥的我有如找到光明燈，豐富的內容絕對值得花時間吸飽的好書推薦。

讀者／任職 智原科技

從外地來新竹工作，一直希望能在這個城市成家立業、置產買房，但因為對本地行情的陌生與不了解，一開始只能像無頭蒼蠅般地到處亂找亂問，一方面與建商賣方資訊不對稱，一方面也耗費許多時間查詢、比較、溝通等交易成本……直到看到丁大的房產專書，無論是書中的寶貴資料或網路的無私分享，讓我更聚焦在自身需求，以及知道大概的合理價位，快速且順利找到理想物件。總之，丁大的書就是值得推薦。

讀者／任職 高中教師

劉志豪

在網路上無意中有幸加入了丁大的群組，透過丁大熱心提供分析專業且仔細的一切購屋相關資訊～對於我這個在異地工作不想再當無殼蝸牛的北漂族，真的是幫了很大一個忙！！

讀者／任職 力成科技

吳建男

立業成家&成家立業，每個人生命中必經的過程。從買家／賣家不同的角度去闡述應有的想法與態度，不留餘地的提供專業的房產知識及人生的體悟，是一本將會翻轉你對房地產看法的好書。

讀者／任職 台灣新思科技股份有限公司

許文彥

曾經跟丁丁開過玩笑，在這資訊隨手可得的時代，應該沒什麼人會買書，完讀丁丁的著作後，才明白取得資訊簡單，但是消化吸收資訊卻不容易，丁丁雜記廣義的將錯綜複雜的資訊分析給讀者，真心推薦給讀者。

讀者／任職 艾芯蔬菜

在這高房價無極限的竹北地區，但買好房好學區還須要徹夜排隊到懷疑人生，非常感恩有第三方公正的免費顧問丁丁，讓徬徨無助的自住客，有一盞明燈，有一個客觀的忠告與建議。

讀者／任職 工研院

李峰吉

作為第一次摸索房地產領域的新鮮人，此書以白話淺顯易懂的方式帶領我深入這個陌生的課題，接觸房地產市場是每個人一生中必經的過程，更可能是一般人一生中最大筆的花費，試想大家對各種金融保險投資理財的得失如此斤斤計較，又怎麼能草率面對人生中最大筆的「投資」呢？因此讀完此書讓我更深入了解如何選擇自己心中理想的房子，無論以自住或投資的角度，在現在和未來都能得到想要的結果。

讀者／任職 台灣ASML

李皓誠

本書並非一般的房地產投資書，作者丁丁以自身多年房地產的人生經驗，由淺入深，從宏觀到細膩，傳授您房地產最清晰的買賣心法，告訴您最真實的業內規則。不管你是第一次購屋的首購、抑或是買賣多次的熟手，定能從中有所斬獲！

讀者／任職 力晶積成電子

王俊傑

猶記十年前新人訓練結束時，給自己的座右銘是：「人生不要活在悔恨當中。」然而時至今日，回顧這十年歲月，十足諷刺地！我心中最大的悔恨就是「當年沒有勇敢在竹北買下自己的房子」，以致現在得多花一倍的金錢買下可供窩身的處所。請勿誤解，我並非指所有人都須當屋奴，把自己的人生供奉給特定的利益團體，而是借自身例子說明：若有居住的需要，有家庭的羈絆，有工作的考量，有地點的喜好，……等等諸多要項，在整體的人生規畫之下，請毫無畏懼地買下你第一間房子吧！租房子真的沒有比較好！特別是我已經租了十年，只有累積搬家的經驗，但沒有積累任何的物權……

倘若能早些年就讀到丁丁的文章，或許我人生的際遇與發展會全然地不同～

最後，請思索一個問題：人生有幾個十年可以讓你徒然浪費呢？

讀者／任職 友達光電

Alexander

人生成功需要「態度」，投資成功需要「觀點」，淺讀《丁丁的房產人生雜記》，不同於以往教條式的長篇大論，而改以日常生活所面臨的房產問題，用輕鬆寫實的方式，破題點出實用的觀點，使讀者快速的建立正確的房地產觀點，面對茫茫建案當中，無論你是買房自住，還是置產投資，都能得心應手，擁有快樂的房產人生。

讀者／任職 特耐第國際有限公司
陳建安

丁丁用深入淺出的方式，賦予大家好的房產觀念與參考價值，誠心推薦給想買房的朋友們！

讀者／任職 三重正義北好評診所院長
戴云洁

自詡為「理工人」，買東西時我喜歡研究規格數據、爬梳網友意見，再做決定。不過遇到買房時，這樣的做法顯得困難重重：總有人看多，也有人看空，多空各有其理論；而每間房子的條件又都是獨一無二。

在這樣的混亂中，很高興丁丁將他的不動產從業經驗濃縮成冊，由實務角度深入淺出，並廣泛的解釋各種房市現象。看丁丁的文章頗有「師傅領進門」的實用感受，對我決定買房很有助益，誠摯推薦！

讀者／任職 台灣高通
Michael Huang

對於有購屋需求的朋友，可藉由丁大的研究資料作出精確的判斷，包含現行市場行情與未來發展，都相當到位。

讀者／任職 台灣應用材料

郭奇文

# 序 *Preface*

從事不動產代銷十餘年來的經驗，這是一本自述式的雜記。

沒有任何的立場，只秉持著中肯客觀的原則。

如果你是個正在找尋購屋、投資的買方，也許你能從此書中看到一般消費者比較不為人知的賣方小祕密與職業辛苦談。

如果你是個正在這個行業打拼的一份子，也許你可以從此內容獲得一些銷售靈感，或是買房比較普遍常見的消費心態。

在台灣，房市一直都是被大眾所關注的重要議題。

房價的走勢、區域的發展、建設的期待、政策的令改，也都在我們的生活中如影隨形。

購屋，是每個人的必經之路，同時也是在民生消費必需品中占最大宗的資金量體，而若對其缺乏認識，或許會因此從中造成自己的損失。

相對地，不動產如今也成了人們投資理財的重點之一。

如果我們都能對這樣的市場充滿足夠專業度的了解，那你不會做錯決定，更可以因此放大資產，改變人生。

在資訊與科技快速發展的時代，往往許多觀眾會受到特定媒體或名嘴帶風向，但如何在不動產的世界中，堅定自己的信念，有能認定現實是非的判斷力，是很重要的事情。

我們可以從此作品之中探尋正確的觀念與邏輯，以求一個正面且不消極，沒有過多的主觀或極端，從平衡中來看待與面對房市。

不需要灑狗血的主題，也不用刻意去使用吸睛的話術，那種誇而不實的包裝，以點概面的偏頗，並非正確的務實之道。

市場不是你與我說得算，未來也沒有任何人可以預知，但是時間卻不會為你停下，鐘擺也不可能因你的後悔而往回盪。

做為消費者的那一方，死不買房不會是個正確的態度，但過度樂觀可能也不是個好方法。

身為銷售者的那一方，利益現實主義無法成就自己，我們都應該要善於從挫折中找方法。

無論你是哪一種立場，希望各位都能喜歡這樣的作品。

也期待你們都能買到自己所喜愛的房子，也祝福每一個正在這行業中努力生存的人們都有好成績。

# 目錄CONTENTS



## 壹、建築知識

# 貳、市場分享



# 參、買方觀念

## 肆、賣方觀念

目錄CONTENTS

壹

# 建築知識

## 關於建築界與不動產的大小事

- 增加的房價哪裡去了
- 預售屋與貸款成數的優勢
- 規劃上的建築成本
- 違建的意義
- 交屋款
- 建商推預售的十大理由
- 建商品牌與品質
- 首購・換屋・豪宅
- 升降息的房市影響
- 一層N戶的差別
- 建築界的甲乙丙方
- 店面大小事
- 重劃區・有好有壞
- 市場邏輯
- 管理室VS大廳

# 增加的房價哪裡去了。

值得思考的問題，房價不斷上漲，這些增加的金額去哪了？最簡單的例子；當雞排漲價的時候，老闆總是能很清楚的告訴你理由與原因，也能跟你好好解釋這錢到哪去了。

那麼房價呢？

這麼複雜的大宗建築體產品，到底這些錢，是進了誰的口袋，還是你以為只單純進到了建商或投資客荷包？

首先來看不動產的原物料，土地。

當地價不斷上升的過程中，誰是既得利益者？

一個是無本持有的地主，另一個是中間轉手的新地主，最後一個就是政府的稅金了。

所以在房價增值過程中有將近六成的金錢，都進了這三者的口袋之中。

而建設加工的層層發包，從製造基礎的原物料包含著水泥、鋼筋、人事、能源、技術、建材等等，這部分的上游成本隨著時間增加，如同上述的雞排一樣。

所以在房價不斷上漲的兩成金錢則是進到了這些產業中，但他們有因此多賺嗎？

其實沒有，因為上游之上還有成本源頭，直到最上層。

這也是最關鍵也最重要的觀念；當成本上升的過程中，所有的環與扣的利潤比是沒有變的，既沒有增加，也會盡量不因此縮水。

那麼最後的兩成資金，才會進到了投資客或買方的荷包裡，這算是市場機制所決定的。

如果加一元沒人買，它也就會回到原價。

如果有人買，那市場也會一直挑戰到上限能多少，於此這就是最後房價增值的理由。

綜歸結論，對於房市漲跌，必須客觀理性的判斷與看待。

漲與增值一定有它的理由。

跌與降價也會有它的原因。

假設房市行情增加了10萬／坪，以此類推。

其中就有6萬／坪是跟土地相關，也與區域的發展影響有差，因為可開發建設土地越來越少，地主與政府因此從中不斷增加收益比例。

住的人口越多、越熱鬧、越方便，地價就越貴。

而2萬／坪則是跑去了環環相扣的原物料中，其上下游間的連結令這些成本以滾動的方式增加累積起來。

這也代表了整體社會與經濟結構是不斷在通貨膨漲著。

因此才有了所謂「抗通膨」的投資方式。

將已知未來會變薄的現金轉成了會漲價的成本，不動產也就成了最理想的理財與存錢工具。

最後的2萬／坪就是進到了你我所決定的市場，這也是整體供需面信心與保守之間拔河的勝負證明，換言之當你發覺房價越來越貴的時候，其實並非都是賣方無理漲價，而是買方越來越能接受這樣的行情與成本。

當然你也可以選擇不接受房市，但如果你很了解這中間金流運作邏輯的時候，就會發現其實無理的拒絕買房也等同於是跟自己未來的人生資產說再見。

**【當房價上漲與景氣一片樂觀的時候，全民皆贏，不僅是地主、建商、或你與我。當房價崩盤的時候，全民皆輸，任何一個連鎖相關的單位，都不會因此得利。】**

# 預售屋與貸款成數的優勢。

預售屋的制度，台灣可謂是全球先驅，沒有房子的實體就可以交易這件事，在世界各國上並沒有這樣的文化與接受度。而在中國大陸的預售屋，可是在簽約階段就得要撥款開始付利息了，也就是房子還沒蓋好你就在繳房貸。

但台灣的預售屋卻不是這樣的本質。

我們做這制度的目的，主要是為了降低購屋門檻，令更多人可以買得起房子，或者是要讓建案更好賣與令建商周轉更快。當然即便如此，也非全台縣市的買方都能接受。

比如許多城市若以預售方式推案的話反而銷量極差，久了這也就成為一種房市指標。

能賣預售的地方普遍都是房市較為熱絡的區域，消費跟收入水準與認知層次也會比較高，同時這也是一級戰區的代表。

預售屋對於賣方而言，也是一個多方位的牛肉銷售手段。

因為沒有實體，透過接待中心與樣品屋，各種輔銷工具與促銷策略，用設計及話術去賣未來的夢想跟藍圖，進而刺激房市的熱鬧，如果哪一天預售屋完全在台灣消失了，那整體房市成交量可是會腰斬的。

而且這樣買方就再也沒有低門檻付款購屋的管道了。

配合預售最重要的條件就是貸款成數。

自金融風暴之後的不動產環境，預售屋也成了熱手的投資工具，但並非等待到交屋才賣，而是透過換約來回收效益。

這樣的投報算法，則大幅減低了自備成本，與新成屋跟中古屋比較起來，預售買賣需要準備的資金遠低於後者的一半，同理也能放大槓桿買更多會總價更高的房子。

如此貸款成數就非常關鍵。

在次級房貸爆發以前，市場上甚至還有全額貸的套房。

想想，如果你買間預售屋不用付半毛現金，這樣的產品能賣不好嗎？

這樣的房子你會不想買、會不投資嗎？

撇除掉客戶到底負不負擔的起的問題，最少這樣會令許多人趨之若鶩的搶購，以此類推，那麼是否貸款成數越高就越好越有利呢？

一般建案的預售期大多至少需要個將近兩年的時間。

這過程中無論是經濟景氣、區域發展、機能環境、或是自己的財務狀況，都可能會有變動性，也許變好，也許變差。

但無論如何能在預售期能少拿多少現金，相對買方就保險多少。

理論上而言，貸款成數設定越高的建案，建商風險越大。

不一定在於預售賣方能回收多少資金，而是擔憂著買方因為超低自備而帶來未來無法交屋的麻煩。

所以多半業主不願意配合超低自備的原因在於此。

那麼貸款比例這麼高，成屋時真的貸得出來嗎？

這是之後的問題，無論建商用何方式配合你將產權擔保到合約承諾的成數，最後還是要看買方的個人條件來放款。

如果屆時貸款不足的部分，你還是要想辦法補齊差額。

也許建商可以無利或小利借你，但要知道一個重點，那就是房子你已經買了，所以這也是把「先求有」的策略運用到極致的方式。

建案業績先跑了再說，後面的問題後面在解決。

沒錯，景氣不好時，房子就是要這樣賣。

當然，景氣大好時，能這樣搞會賣更快。

如果自備預算沒那麼多時，請選擇預售屋，也請優先選擇高貸款低自備的預售屋，因為你也必須先求有。

有人說預售屋是賣未來的行情，是對也不對。

有人說預售屋的房價基期較低，是不對也對。

預售屋的成本是以「當時」的地價與造價而來訂定售價的，因蓋房子需要時間，而歷史也總是見證了時間會讓房價空間有條件上漲。

所以以成本而言，預售屋是賣「現在的行情。」

以房價基期而論，預售屋是賣「時間的空間。」

【預售屋可攻可守，在一片荒涼的重劃區買新成屋是很乾的一件事，在成熟的機能區域買新成屋是縮短折舊率的期限。預售期越長，保本與增值空間越大，因為時間在走，環境在成長，需求也就越大，機能自然越熱鬧，房價也就這樣水漲船高了。】

# 規劃上的建築成本。

建案規劃設計上的調性與設定，充滿了各種專業複雜性，當然對建商的成本與投報回收效益及利潤，都是密不可分的關係。

消費者總是只想得到對自己有利的享受，而且時常無理認為賣方在建構那些美輪美奐是不需要花錢的。

其實在建築規劃上的各種細節，也是一種投資換算。

除了賣方在理念與原則上的堅持之外，當然這也是令建案可以好賣或順銷的理由之一。

在一層平面每一戶的坪數與房型設計上，如同切豆腐一樣。

當切的越多塊，成本越高，利潤也越低。

當切的越少塊，成本越低，利潤也越高。

但為何要切小，因應符合不景氣的小坪數市場。

那為何要切大，因為景氣好時沒人要買小房子。

前者雖然投入成本較多，但可以降低售坪總價。

在平面上的成本因此較高的原因為：

房間多、廁所多、廚房多、戶數多，那麼牆壁也就多了，需要建構的管道間，基本需求空間，基本建材廚衛也跟著增加不少。

比如一層百坪做一戶，只需要10道牆壁、3衛、1廚。

但把百坪切成做四拼，至少要25道牆壁、8衛、4廚。

開窗面積也會增加，陽台開口也會變多，油漆瓷磚面積也以倍數增多。

以此類推，所以當你看到坪數越小的建案，通常建材等級是成反比的越差。

相對坪數越大的建案規劃，建材基本等級的彈性就越高。

所以你很少會看到「套房」裡面的標準配備等級會很好。

那麼以消費者的立場而言，當然希望是自己可以買得起同時內容物又要很完善，可在成本概念之中這是極大的衝突與矛盾。

在價錢跟預算有限的狀況下，能買到相應的面積空間已經是在規劃彈性中做出很大的讓步，在單價不變的前提之下，想要建材等級提升，一般是可遇不可求。

建築立面外觀上，也在成本上吃了不少的比重。

現代建築的開窗技術要求跟數十年前截然不同，氣密窗的普及與玻璃建材種類的進步也讓居家生活品質提升很多。

在結構上做開口、在崁入鋁門窗或落地窗，這層面需求的增加，都比無窗之牆的成本高出不少。

所以理論上來講：

窗戶越多、窗開口面積越大，成本則越高。

陽台越多、玻璃安裝面越廣，成本就越高。

而建築外型的材質，越是厚重、豐富多樣化、造型獨特、需要特殊施工技術，成本也是直線上升。

最單純的全棟貼磁磚算是最普遍也最省的外牆規畫。

有沒有做基座、有無做挑高底層的石材配置、有沒有做四方位的正面設計，這些都會跟造價有深切影響。
尤其那些酷炫又新潮時尚的外觀，配上夜晚的燈光計畫，這都是燒錢燒來的。
如果再掛上知名大師的結晶，還要另外加上昂貴的設計費用。
在公領域上的設施、裝飾、空間、動線。
可以很普通陽春，也可以很豪華氣派。
你說這跟成本有沒有關係呢？
同上述外觀之理，這些區域的材質等等相關內容，包含到電梯車廂內、梯廳、各戶廊道、地下車道等等一切、細節甚至可以到信箱、門牌、燈光、藝術品、還有香氣味道的運用，這些若要精緻入關的話，可說是天價級的打造。
最後到基礎配備的等級。
以一套35坪的廚房來舉例：
國產不知名的三機全套，可以不用5萬元。
國產有品牌的三機全套，整組僅7、8萬元。
進口品牌入門四機全套，要價近20萬元。
高檔品牌高階五機全套，至少過30萬元。
以此類推，衛浴同理，最便宜跟頂級的差距可以拉到6倍以上的成本。給你好的東西，即便不要或不喜歡來而客變退掉，你也能領比較多的退款，所以建案要不要運用這些高等級配備，在售價不變的狀況下，這都算是建商變相縮減利潤，也是務實讓利的一種。

我們看到那些什麼都很喜歡的房子。
其實多半都是由成本去砌築而來的。
如果可以，那種簡單到不行的建案在市場上不是沒有，雖然價錢好似便宜了不少，但你會喜歡嗎？
漂亮的外觀、完美的格局、氣派的公設、高檔的建材配備，只要是能令你心動的種種理由與條件，它們不僅只是賣點，更是建商的心血，也是用錢推出來的。

**【建築的世界永遠是一分錢一分貨，從來就都沒有便宜的好東西存在。工越細、料越好，除了用心之外，也要用代價去換取而來，羊毛總是出在羊身上，如果你懂，代表你是個有水準的消費者。如果你不懂，代表你只適合擁有廉價屋與低級品。】**

# 違建的意義。

這兩個字，是一個被過度放大的詞意。

在台灣的建築世界裡面，充滿了許多灰色地帶，不僅尷尬又矛盾，也很容易被有心人士抓住把柄來滿足自己的目的，當然這種範圍，多半也都跟人性有關。

違建是一個在法律上的詞意，在專業術語則是二次施工。只要不是在初始建照設定上的任何建築設施，都算二次。因為這並不在當初所審照內的規劃，所以不被認同為一個合法建築。

以個人的立場而言，私自違建頂樓加蓋、露臺改建、花園變室內空間、自打樓梯隔牆、鐵窗等等各式多樣化的用途與二工範圍非常大也很常見。

除了那些被刻意檢舉的情況之外，基本上這根本掃不完，在自己的家怎麼做，也算是一種民主自由意志。

政府若沒有強大的執行態度與足夠的人力，這就是台灣的常態，當然見不得人好者多半酸葡萄心理的想充當正義魔人，而心理因素的循環之下，只要自己的房子條件足夠，很多人也會選擇為解決自己家庭的需求層面來做一樣的事。

所以很多人說台灣的房子市容難看又老舊，沒統一性也凌亂滿目不是沒有原因的，看看街上那些一個個比隔壁還突出到路上的招牌，嚴格來講這些也都算是違建。以社區的立場而言，建商所賦予的許多公共建築用途，都只有一個目的，就是讓社區更好更完善，當然於此就會更好賣。

所以預售屋總是有許多漂亮的設計與規劃。

可要知道，為了整體使用需求的合理邏輯，很多東西是與建築法規相違背的，而在現今不理性消費者越來越多的時代下，現行幾乎所有建商在一次規劃審照時就會做好做足，以避免未來又被刻意刁難找麻煩，所以現在新案子的公設在室外空間的設計彈性就會縮減，也就越來越陽春跟難看。

以前建案常常會看到使照申請時的公共空間，怎麼跟買時的圖面差別那麼多，然後又很醜，也很空虛。

因為那是為了滿足一工與建照圖相符合，才能過關，使用執照才會下來，而後再把它全部打掉重做成預售圖面所設計的那樣，包含植栽綠意、退縮空間、水塘花園、戶外傢具、活動設施、圍牆護欄等等，這些全部都是二工。

以及頂樓有做另外規劃的空間運用也都屬於違建。

那麼把這些東西做好，做得美，做得妥善，為得又是什麼？

不就是希望社區住的環境能更好更舒適嗎？

那消費者會問，為何一定要二工才能做，一次建照申請卻不能弄呢？

因為許多硬式的建築規定，跟要符合理想與目標的實際設計，是有很多衝突的，不是你想像中那麼單純建商想做什麼就可以做什麼。

所以長期下來就變成一種敷衍了事的方式與態度來滿足官方審核需求，也可以很直白的說明，這種灰色地帶的源頭與原因，就在於我們國家的建築法規充滿了許多奇怪與不合邏輯的地方，也沒具有相關領域的美感與水準。

但沒辦法，規定就是規定，你想要領取合法建照，就得乖乖聽話。

不然，你有看過很漂亮的國宅嗎？

但這都是以前的事情了，隨著時代改變與資訊爆炸的現在，似乎消費者都很在意與執著所謂的違建議題，深怕自己買的房子會被拆，會有未來的風險與麻煩。

但其實這個文化歷史過程已經二十幾年了，除了相當微例的重大瑕疵，否則也沒半個社區發生這種事。

好吧，既然大家都很介意。

那麼我們就做完全的一次設計，即便那畫出來的圖面實在是不怎麼吸引人。

但我們卻可以跟客戶講一個賣掉；本案是百分百的一次施工，完全沒有任何的違建跟二工，你可以全然放心。

但在專業人士的心裡卻是這樣的口白；你要全部合法就是都很醜，如果你覺得好看，代表你真的沒看過什麼叫做經過設計的公設。

**【灰色地帶非黑非白，不倫不類，不上不下。若能理解專業之中的事實與無奈，美這件事也是種藝術感。為了符合沒有空間的法規，這種美也成了另外一種黑白，卻失去了可以帶給消費者更好的完善，一切都只是為了應付規章，順從規定，避免麻煩，減少風險，已然失去初衷。】**

# 交屋款。

首先來談一個預售屋的觀念。

它是一個用現在價錢買未來產品的概念，就像金融世界中的期貨與選擇權。

買方可以先提前擁有資產，也能馬上買賣，那也是買斷後屬於你的東西。

在中國，預售屋是必須全額付清的，換言之房子還沒蓋好，買方就要貸款馬上付利息。

在台灣，預售屋是賣方先投入資本來蓋房子，中間過程的期款都是現金收入，一個建案動輒2年以上的準備期，房子沒蓋好，這些前期少量的購屋訂簽開工款，根本入不敷出。

加上時間成本、利息、風險等等因素。

預售屋就是建商先拿未來的支出做現在的生意，但卻必須要到最後才能完全回收。

而內政部所定義的5％交屋款，是一個不食人間煙火的限制，因為他們不知道建商需要承擔多大的資金壓力。

所以即便規定是如此，但國內建案基本上都會額外與買方磋商交屋款只會設定在3、5、10萬頂多至0.5％的金額，非常少數會遵照或做到5％的規範。

那麼買方會問；為何不把交屋款提高呢？

因為數字結論是固定的，把後付的款拉高意味著前面的期款必須大幅縮水，那些都是賣方的經營周轉，不是每家建商的資金槓桿運作都能符合政府的要求，壓死這5％的工程期款，也代表著建商對資金運作的彈性也就被綁住。

其實交屋款要設定多少數字根本都不是重點，也從來沒那麼重要，因為它只是「期款」的一部分，而非買方所認知的壓屋款。

建商要回收的是後面大額的尾款，如果今天驗屋不過無法交屋，買方是有權可以不撥款的，理論上沒有那麼傻的建商會去為了那5％不到的交屋款來賭後面70～80％的貸款金額。

所以去爭論拘泥於這些不具意義的規定是浪費時間，買賣沒有對錯是非，只有周瑜打黃蓋。

彼此協商雙方都能接受後的條件才成立交易，事後因噎廢食的舉止也是枉然且多餘。

畢竟在觀念上，其實也因為台灣預售制度文化的流行與成熟，才能造就很多人都買得起或可以很輕鬆的買到房子。

不然望眼至對岸去，那才真正的叫一分錢買一分貨，現在的貨就要賣你現在的價，何來分期付款，何來超低自備跟優付呢。

台灣的各項買房制度與國際上相比是相形簡易單純的，不僅利率低、成數高、預售期款等等條件讓買房自備金的彈性可以很廣泛的運用，在這點上面，首購族也能降低不少累積存款的時間壓力，令有屋這件事可以提早在人生上實現。

【我們都要學習去看待一件事的重點與關鍵，不隨之起舞跟著盲從的風向。不動產的內涵永遠比你我想像的還要深遠，適時的多了解一點，也就能成就正確的觀念與邏輯。】

# 建商推預售的十大理由。

預售是一個很方便的機制，對賣方而言，它具有很多的作用：

**1. 搶市：**

尤以時機大好的環境，預售屋就是搶快推案搶收業績。景氣這種東西實在難以預料好壞，當現況熱絡的時候這並不是你我才有的感覺，而是在市場上生存的每個單位都會深知明瞭，所以卡一個熱潮趕快出貨銷售，是明確之舉。

**2. 分攤風險：**

在建設期間就能先抓好幾成銷售率的水位，當然預售賣得越好，建商成屋後的風險就越低，畢竟房子蓋好後是會隨時間老去折舊的，餘屋放越久賣相就越差。

**3. 好包裝：**

預售跟成屋最大的差異就是沒有實體，既然看不到成品，我們就可以透過很多銷售工具與方式來將未來的型體去充分完美化，那就是給買方的夢想藍圖，當然這些相關周邊產業也成了共存關係鏈。

例如接待中心的設計、樣品屋、模型、3D圖、平面圖、示意圖、工學館、建材展示、品牌介紹、大師作品、企劃調性等等……。

**4. 銷售成本低：**

通常賣方會希望代銷以包銷方式來承攬預售屋，除非是完全沒有市場的公司或建案，不然都會把這些銷售成本轉嫁在第一線上，如果賣不好的話還可以換人繼續重新包裝重新花錢，相對比起成屋後，建商可能需要為了令其好銷售來額外開銷不少的包裝成本。

**5. 加速擴張：**

一般預售大樓與成屋可以差距到2年上下不等的時間，而建商成長的過程中，若當發展之初剛開始推行的個案熱賣甚至快速完銷的時候，就會加大投資槓桿來短期購買更多的土地繼續推案，所以在現今已具規模的建設公司之中，有許多的案例都是以此法來短時間膨脹自己的商業版圖。

所以預售建案可以當作是一種連鎖加盟的概念，同時期推案越多的公司，也代表資金規模越大。

**6. 建立品牌：**

成屋常常會受限於實體所表現出來的景象，難以塑造完好的品牌形象。但預售就完全不同了，只要水平整合資源足夠，就能做好一整套的品牌升級，在非常吃形象的現代市場而言，消費者對於建商的觀感會決定銷售速度與最重要的價錢接受度。

**7. 階段性調價：**

畢竟土地行情是越來越貴，房價可能回頭走，但要地價回頭看是不可能的。而預售屋都是以當時的成本來計算推案售價，既然時間在走，越賣越貴也是正常的。

所以賣方根據階段性的銷售成績來調整價錢上行，也是業內極為正常不過的事情，景氣越好，調得越兇越快。

**8. 刺激銷售量：**

買成屋一開始需要準備的現金比較多，所以會局限不少自備有限的購屋族，但預售屋卻可因此爭取買方的集資時間來做分期付款，如此不僅可以大幅度提升銷售率，也讓購屋門檻可以降低。

**9. 投資客愛預售：**

比起成屋，投資客是相當在乎周轉與投報空間的，而預售投資市場如今也相當成熟跟流行，在交屋前的換約買賣，甚至有相當多案例是具有轉賣價值的，所以現在預售建案的發展也令不少有在投資不動產的人們專注在其中的資訊，想買得比人快、比人便宜，在伺機轉手賺一波，多少都沒關係，有賺就有回收，有回收就可以在投下一個預售。

**10. 迴避政策法規：**

建築法規幾乎年年修，三不五時還會來一些與消費有關的政策出台，在要正式執行與上路前，趕快將庫存土地送審建照，有必要時就乾脆直接推案，避免受到一些技術性的銷售或營運干擾，包含重大的稅制改革等等。

預售提供了時間上的彈性，先賣先贏。

**【以前台灣的不動產市場，只有大城市的買方比較可以接受預售屋，加上早期資訊不透明與不對等，也沒有完善的消費者保護機制，所以很多偏保守的人們都會對預售買屋感到不安與排斥。但如今甚至連南部也相當流行成熟起來了，這也代表不僅時代的改變與進步，也令整體的買賣結構成熟完善，當然對買方而言的優勢就是購屋門檻與壓力可以降低不少。】**

# 建商品牌與品質。

品牌，只要有錢就可以塑造。

品質，需要時間才能被認同。

很多時候品牌跟口碑，是截然不同的意義。

現代消費者無論是何種商品，都很重品牌。

這個代表的是買得安心，用得放心。

尤其在購屋上面會放得更大來檢視。

在品牌的建立上面，多半是在包裝的實力與深度，預售屋又能更好去發展與表現，未來的事未來在努力，在業務銷售上，誰能做好品牌上的宣傳與定義，誰就能事半功倍。

但品質卻是被動的，它必須是發生在事實上，才會有口碑，而客戶親身體驗到的感覺，再透過人與人之間的口耳相傳，才會漸漸被大眾認定。

若能做到這樣的結論，並非是三天兩天也不是花了錢就能達成的，所以有這種實力的建商通常其產品也是價格不斐。

在台灣的不動產中，很多時候人們會被行銷出來的品牌所迷幻住，然而到了交屋後才知其不然，而後抱怨。

那麼為何建商不好好的經營屬於自己的建築品質呢？

以賣方的角度來切入：

每一個建商都有他們最初所建立的文化，這個傳承延伸下來的都是一種長期成功生存的意義，既然經驗上可以這樣做下去，又為何要改變呢？

又為何要冒風險與多花成本去轉型呢？

現行所看到很多具歷史與資歷的建商，有確實做到不同的變化，多半是因為世代交替，在主事者上一代已完全的交棒，就看到了不同的經營模式。

因為年輕一輩的看到也感覺到市場跟以前完全不同了。

除了自己對建設業理想的堅持之外，最主要還是想重新創造一個不一樣的品牌力。那大家也都知道，光在表面上去塑型是不夠的，必須打從深處與心底做到品質的紮實。

要走到這一步，就得來個大地震。

從組織裡面的老臣、主管階級、在到採買與工務體制，是徹底的改變風格，到做事與服務客戶上有著不同的要求，所以他們成功了之後就有資格不需要交給代銷來執行，當然更有資格創造自己產品上能夠高於別人的行情。

以買方的角度來論述：

其實著重於品牌行銷的建案，也不能全然否認這僅僅只是表面上的手法，現今許多建商為了配合市場消費者的胃口，的確多少都有在進步與成長，這是不可否認與抹滅的事實，即便是為人詬病的一些知名大公司，也都有做到一定程度的改變跟突破。

但對於購屋買房這件事來客觀討論，應該要問一下自己的口袋，明明知道市場上有哪些品牌建商是自己很想買與追求的，可為何就是沒有去決定呢？

因為預算，因為單價，因為總價。

所以事事沒有兩全其美，既然理解了這個現實的結論，就不應該要馬兒好又要馬兒不吃草，畢竟你選擇了符合自己經濟能力的產品。

時代的變遷，你可以看到這些改變，但其實最好做點時間差異上的功課，以下幾個實例做參考：

以前某建商總是蓋口字ㄇ的連體建築，現在也都沒這樣規畫了。

以前總是在基本建材上做一塵不變的廉價品，現在也都升級了。

以前總會偷點樓高，省點公設，簡單外觀，現在也開始注重了。

以前總會在建築包裝材質上東減西少的，現在也都截然不同了。

以前總在格局與開窗上囫圇吞棗的，現在也列入審查重點了。

也許你還是不滿意，但真的把歷史業績作品拿出來比對一下，其實你會發現大家都是有在進步的。

尤其在近幾年的變化最大，這代表賣方是有在關心買方的需求與心聲去努力，可要消費者有感俗擱大碗，完全沒有嫌隙可挑剔，那是不可能的。

畢竟建築的世界就是一分錢一份貨，每一分錢提供的彈性對於製造者來說，就是一分差異，那累積起來的完善度是天差地別的。

至於一家公司要做好售服的品質系統時，也是很重要的成本概念，當一家建商的推案量大於可以配置的工作人員時，講實在的要做好客服這件事即便有心也很難達成。

當然你會質疑那多請人不就好了嗎？

或是沒足夠的人事蓋那麼多房幹嘛？

這也是建設公司難為的地方，多養人，不一定確定後續的量體都是這麼大，也不一定可以在經營槓桿上能符合未來的景氣。

但買方永遠都不能理解的是，立場上不是自己做老闆經營，所以無法去懂也不想去懂這一塊。

畢竟消費者是我花錢買了，你沒做好是你的問題跟你的事情，你必須給我完善與令我滿意的服務結論。

因為我花了錢，所以我是老大。

即使是首購宅，我依然是老大。

品牌與品質的關係是不一定成正比的。

有品牌不見得有品質，但有品質的必定有某種程度的品牌。

有品牌不見得貴，但有品質的肯定不便宜。

有品質不見得好，因為價格無法人人買單。

**【如果預算足夠的話，一定要買品質建商，這樣你就無可挑剔。預算有限的話，就買感覺還不錯的建商吧，但你一定會有地方不滿意，可是最少你買得起。】**

# 首購・換屋・豪宅。

建設公司如何評斷這三者之間的推案策略：

1. 建商文化的經營方針。
2. 區域發展的市場調性。
3. 景氣時機的環境氛圍。

這三個截然不同的產品，是完全不一樣的客層。

對賣方而言，大致分別以下落差：

**首購**：剛性需求，快速周轉，銷售率高，無論景氣好壞都不會失敗的方向，大眾市場，具有一定的自然去化量，餘屋比例低，滾錢速度高。

**換屋**：品牌堅持，成本比略低於首購型產品，去化速度慢，餘屋風險高，周轉速度慢，也因客群別於首購，在售服品質上比較可以掌控。

**豪宅**：極小眾市場，長期抗戰，時間成本極高，加工投報率最大化，銷售期無法評估，頂級客層，也需具備一定水準經驗才能完善產品力。

在台灣的不動產市場之中，建設公司要轉型是不太容易的，因為主推行什麼樣的產品調性也代表其建商的品牌文化與觀感，當市場與買方都已習慣著這種定義的時候，由上往下走沒問題，但由下往上突破卻相當困難。

那麼這些也會影響公司營運的財務收支方向。

例如全台推案量最大的寶佳機構、麗寶建設，也或者是早期各區都有在地專門只蓋大量平價宅的建商。

雖然品質為人詬病，但這種推案策略卻是發展最快的途徑。

低單價、低總價，景氣好時快速完銷再快速推案，周而復始、以此類推，不用十年的光陰讓公司規模成長個幾倍沒問題。

但這個缺點就是幾乎被消費者標籤成平價建商，或是統歸成品質較差的那一圈圈，所以當這類型建商想要賣高單價的換屋產品時，就會相當辛苦、嚴峻。

那只做換屋型的產品對賣方又有何好處呢？

主要是想塑造某種品牌力，控制推案量與銷售率。

在中階客層去建立一種比較不同的買方觀感，進而透過時間慢慢將這種形象深植在市場之中，雖然擴張的效率不比首購方針的策略，但這種模式卻對很多偏保守型的建商來講是穩紮穩打的布局，而當時機成熟的時候，甚至還可以轉推一些高單價的首購宅，只要品牌力道足夠，其實也會有相當不錯的被認同度。

最後就是豪宅，這個令人又愛又恨的產品。

愛的是要告訴大家，我們也可以蓋豪宅了。

愛的是把自己的里程碑用頂級來重新詮釋。

恨的是結論通常都會相當的極端與難維持。

恨的是此舉會吃掉非常巨大的時間性開銷。

很多人以為只要有錢就可以賣豪宅，但常常是做下去了才知道那種壓力遠比想像中來的大。

十年可以完銷10個以上的首購建案。

十年可能可以賣清5個左右的換屋型產品。

十年也可能是連一棟豪宅建案都賣不完。

所以這種頂級品牌，都是用錢燒來的，都是需要很龐大的成本來堅持下去，而且在還沒有被定型之前還不能隨意轉改推小坪數產品，不然就徹底破功了，最好是從一而終的專門在做豪宅規劃。

也有人認為賣一戶豪宅可以抵十間首購房。

但你賣一戶可能需要一個季，可十間平價宅也許不用一周就清光了，這周轉與收支槓桿比可是天地之差。

**結論：**

首購建商很會賺錢，也很好賺錢，是先求有再求好。

換屋建商很有堅持，不一定大賺，是先求好再求穩。

豪宅建商很會燒錢，不見得會賺，先求好再求更好。

但若如果銷售速度是相同的話，越大坪數產品的爆發空間就越恐怖，但這種案例卻是相當少數的。

首購是時間換空間。

換屋是時間換品牌。

豪宅是空間換時間。

建商轉型是條天堂路，需要陣痛期。

當首購賣方累積子彈與資本到一個程度的時候，普遍都會想升級自己的品牌力，以求更多元的發展或更廣泛的經營方向。

所以在實例之中，通常成功做到這一點的最多是世代交替、再則副牌成功、或是組織結構改變，否則突然說來弄個什麼驚世之作，通常結果都是驚人之慘。

而連鎖型的大規模機構公司，更難說改就改。

所以為何他們都希望推大基地大建案，因為如此可以把周轉效率提升到極致，不需要去勞心費神的去建立超級品牌還是經營頂級客層，與其如此，不如讓那些有錢人來多買我的產品來投資還比較划算。

**【品牌塑造都是需要付出代價的，這並不是每一個建商都會去認同這件事，因為不見得符合資本主義。買方會看產品CP值，賣方當然也會嚴考經營策略的CP值。】**

# 升降息的房市影響。

低利的時代，利率的變動可謂是牽動著房市的一絲一毫。以前房貸利息是高的嚇人，根本不太會有人願意貸款買房，高額且龐大的時間支出不僅大幅度吃掉房價增值空間，也令一般人是無法承受那種凌遲的壓力。

在我們上一代的過去，幾乎都是現金買房，即便當時的幣值遠高於現在，但把錢存在銀行可收的利息也是現今的好幾倍。

在利率演變的歷史之中，也曾聽聞過不少建案打著「現金價」，意思是假若你不貸款全額付清的話，賣方就可以算你便宜一點。說白了就是把槓桿利息補貼給買方罷了，但是在高利率的時代中，這也等同降低了建商不少的時間壓力。

而如今利率普遍低到人人都能貸得起款，人人也都能負擔的起這樣的利息，將房貸這件事的門檻與使用率普及化，同時也能因此將平均購屋年紀降低與輕鬆有房。

利息與經濟面的關係：

利率升，代表經濟環境狀況樂觀。

利率降，代表經濟普遍震盪走低。

雖然沒有一定絕對的相連性，但平均的利率值也代表國家的富裕程度，高利也顯得當國經濟條件也較為熱絡。

利息與不動產的關係：

利率越高，建商土建融的成本壓力越大。

利率越低，買方購屋的時間成本就越少。

當平均利率趨高的狀態下，房價成本也變相的跟著增加，這是正向循環，代表著不動產各上下游的食物鏈連結都是有餘利的。

反之正因為人民無法負擔房貸，才會降息，如此正也表示其實國家的經濟條件並沒有很理想，才會以類似配套的時間還款方式來刺激基本需求的消費力道。

當房貸利率在5%時，可能只有50%的人付得起。

當房貸利率在2%時，就會有90%的人可以負擔。

所以利息越低，合理化整體購屋者的數量與比例都會大幅度提升與增加。

在目前中國的房貸利息是台灣的3～4倍，這也說明了幾個現實的比較狀況：

中國平均富裕程度優於台灣，因為人民付得起利息。

中國房市額度彈性高於台灣，因為有很多降息空間。

中國購屋壓力指標低於台灣，因為人們還買得起房。

以此類推。

當房貸基準利率宣佈調降的時候，雖然對房市是個大利多，即便個體戶可能每年只少個幾千元的影響，但對大體而言就是一種刺激動力，尤以首購族群的牽動性更大。

但不值得開心與高興的是，這也代表著經濟又更差了。

同時利率對於投資槓桿概念而論，也是個非常重要的參考依據。利息越低，投資成本就越少，當利率高過於投資標的的增值空間時，就沒有需要借錢的理由，這時資本門檻就會提高，進而降低不少投資意願。

目前的平均利率大約在年息1.7～1.8%左右。

假使不含其他年支出的成本計算，你的房子每年必需要增值超過2%以上，才算是正成長。

例如20萬一坪購得，每年的利息成本就是4千元一坪。

假若十年都以借款的方式來養房，這段時間的總利息成本累積就是4萬一坪，如果沒有賣到這個價差以上，都是吃虧的。

所以台灣不動產投資選項就多了一個相對平衡的方案，「預售屋」。

當你選購的的案件，它還在建設的過程，都是在幫你爭取增值時間，同時又能降低利息支出成本，因為在交屋前都是不需要繳還貸款的。

既划算，又可攻可守，以致現在演變成一個分界線。

投資預售屋與新成屋跟中古屋的概念、投資動機、槓桿運用、成本計算、投報設定，都是完全不一樣的，也各展現出不同的優劣。

**【借貸與利息除了是方便取貨之外，同時也是投資的一環。善用它的槓桿來達成取利的結論，就是一種聰明的做法，而目前國內的房貸利率，是非常便於這樣操作的環境，端看你怎麼使用而已，不怕你亂用，只怕你不用。】**

# 一層N戶的差別。

小房當道的時代，一層多戶似乎是很常見的規劃。而這點帶來的不良影響與不便，正是大家所抗拒的。最常被詬病的，就是電梯要等很久。

其實依照實際經驗上的比較，一層N戶並非是電梯等待效率的最大因素。

會造成這個問題的關鍵點是在使用樓層總數，換言之大樓越高，等電梯的平均時間就會越長。

以下實驗例子可考：

A社區：一層四戶雙梯，地上總樓含地下室共使用30層。

B社區：一層八戶雙梯，地上總樓含地下室共使用18層。

前者每日平均都會等待電梯超過8分鐘以上的時間。

後者每日平均只有等待電梯大約2分鐘左右的時間。

仔細研究發現，因為前者尖峰時刻電梯必須要往更高的樓層上下來回往返，而中間許多住戶的交錯使用，讓電梯花費很多的空置時間都在移動，相當沒有效率。

而後者卻大幅度減少運作中的閒置率，即是車廂在移動過程是沒有坐人的，進而降低了呆候在梯廳的時間。

這個實驗可以證明，一層多戶並非像大家所認知的，因此等很久的電梯。

現在社區對電梯也幾乎實行了刷卡感應的管制，這功能還提升到現在，普遍都能做到分層分棟的設定，如此就可避免使用者有意或無意的亂按以及濫用。

除此之外，電梯的待機歸位也成了一個很重要的管理要件，在無人使用的時候，其中一台會自動回到一樓，令地下層與大廳回家時可以即刻搭乘。

另外一台則回到中段樓層待命，讓高樓住戶不需要耗時等待車廂從最底層上來。

現代化的進步，也讓這點跟早期的公寓大樓完全不同，相對更安全。

撇除對電梯的流言終結，一層多戶的條件自然不會比單純少拼規劃來的好，下列差異比較：

單棟一層超過6戶以上統稱為多拼配置：

1. 廚房排油煙管可能會走公共廊道平頂。
2. 通常坪數規劃較小，總價都會比較低。
3. 格局排列組合彈性差，開窗通風率低。
4. 共用牆壁，隱私與隔音問題較堪慮。
5. 需分配面積給公共走道，公設比高。

單棟一層2戶稱雙拼，為最優質配置。

常見為一層4戶稱田字四拼，平衡。

1. 少戶數帶來最大的壓力是管理費很高。
2. 樓層若太高等待電梯時間較沒效率。

3. 基地如果不夠大，社區會顯得乏味。

多拼的建案其實把它當成飯店來看，也就沒那麼差，畢竟購屋最終考量是預算。如不是要把這至要關鍵呈獻給市場，誰又願意做小坪數的規劃呢，這是成本最高利潤比最低的投資與設計方案。

少拼的建案優點多多也不需再贅述，但所拉距出來的不僅是承購總價，一定會高上很多之外，爾後管理費開支也是滿驚人的。即便沒有什麼公共設施，可只要戶數一少下來，那每個月的要負擔的數字，並不是人人都能接受的。

**【多有多的好，少有少的妙，青菜蘿蔔各有所好。無論是黑貓白貓，能抓到老鼠的都是好貓，意思是指很多時候先求有，有了以後再說。若沒有，嫌棄與抱怨都是沒有意義的。】**

# 建築界的甲乙丙方。

甲方這個詞，是很多業內的夢想，也是統稱放飯的老闆，是很多人抱大腿對象，也是我們的業主。

為何有這個辭彙出現，主要是合作契約。

「甲方」：代表著建設公司，也是當合作案的主人家。

「乙方」：代表著銷售公司，也是當合作案的下游者。

「丙方」：沒有直接契約但通常意味著代銷的協力者。

這各自的配合之間，都有其不同的往來眉角：

甲方之於乙方，有何選擇邏輯呢？

**重於品牌經營的：**

著重銷售與包裝品質好的經銷方，服務費彈性高，因為他認同你的模式，也符合建商需求，因為你敢砸廣告費。

同時你也不畏懼高於市場行情的售價，因為你打從心底接受了他們的品牌基礎，但現今的甲方若有足夠的品牌效應與粉絲群，通常都自售居多，且採不二價。

**重於利潤回收的：**

要賣得快狠準，業績重於一切，沒有一定程度的銷售表現，就是不會賣，很容易也很快被淘汰。

漲了價，還是順銷。再漲價，還是要順銷。最好在交屋前就完銷，最好在建商認定的售價基礎內快速售罄結案。

如此你就是最棒的那個。

**重於感情基礎的：**

交情最大，在甲方還小時就長期陪同累積革命情感，甚至交叉持股，甚至稱兄道弟，甚至打入家庭，甚至交心好友。

可能不好賺，可能還會賠，但你們有福同享，有難同當，哪天建商做大了，你也能分杯羹。

**重於文化傳統的：**

每家業主都有自己的個性，也許沒有道理可言，但也不需講理，乖乖聽話不要踰矩踩雷，你就有長期生意可以做。

他們的推案總是有著既定的規則，無論你是多大的代銷，都得照辦，所以放到建案執行上，就必須要很完善的控制銷售進度。

賣太快是錯，賣太慢也錯，賣出包更是大錯，要做個可以被受控制的乙方，那麼你就是最出色的那個。

**重於規模周轉的：**

這算是比較平衡的賣方，只要你能滿足建商的基本預期，雙向的配合度是很可以溝通的，畢竟同乘船就是只有一個目標，為此也能相當尊重專業的意見。

而上述各種範疇的條件都會帶上一些，同時你能常態保有有不錯的表現，那麼基本上你也不會餓死，時機到來時也還能跟著爆發一波。

**重於穩紮穩打的：**

保守且穩重，不需要太大的突破，也不用太完整與繁瑣的配合流程，順銷就是最好的結果。

他們要的是你可以處理掉建商的問題與困擾，負責賣到完，賣到一戶不剩，不能有例外的讓建商感覺你就是拍拍屁股要走人。這樣的甲方不愛也不要那種現實又愛算計的乙方。

誰可以陪他步步走完，他也就會路路記得那個誰。

**結論：**

賣太快就是賣太便宜。

賣太慢就是你不會賣。

漲價賣不動你的問題。

廣告預算砸好砸滿來。

產品包裝要有模有樣。

銷售過程不要出麻煩。

負責到底賺賠你的事。

那麼乙方之於丙方，又有何選擇邏輯呢？

一樣米養百樣代銷，各自精彩各自出色。

便宜沒好貨的道理人人懂，但抱歉，我們要的就是很便宜又是上好的貨。

預算很重要，所以丙方很多時候是既無奈又為了生存沒辦法。所以在這樣的上中下游裡面，理論上就是互相茶毒、互相傷害，碰著好上游，其實可遇不可求。

所以當乙方若有賺到錢，記得找機會多回饋一些給丙方，因為在很多時候他們都會記得你，會大大的幫你，甚至推你一把的。

在預算的範疇下，我們極盡可能的去拉高回饋的極致，因為在現實壓力的逼迫，子彈的運籌帷幄就是決定輸贏的至要關鍵，用完了，就沒了，也就準備要賠錢了。

廣告省一點，時間就能撐一些。

硬體少一點，廣告就能多一些。

開銷拮据點，人事就可多一點。

預算有把握，省多就是多賺的。

預算有節制，省多就是低風險。

**結論：**

案子賣完了丙方也沒得賺了。

案子賣越快丙方就賺得越少。

案子賣太慢是你廣告沒有效。

不想花錢又想要廣告有爆發。

壓縮結論就是壓力大收入少。

不動產的各層來往經營是種藝術，更是種哲學。

賺錢的大有人在，功成名就的人士更不在話下。

在各種摧殘下餘存的不僅是死不了的老兵，更是一種人生精神與態度，高壓是基本中的基礎，高產值是基礎中的基本，但不代表你一定會有滿意的回收。

這，就是不動產。

【有形的性價比每個人都知道，但無形的CP值卻非人人都懂。錢要如何花在刀口上，人要如何用在關口上，考驗的從來就不是一個甘草人物所能夠承擔的。我們都是解決問題的高手，但絕不能是個製造問題的老手。】

# 店面大小事。

店面在建築術語上統稱為「店效」，意指其規劃店面有無銷售價值，當然店效的條件越好，對建商與建案來說有其不同意義的存在。

通常店面在容積運用下，可以將銷售金額增加，等同利潤比提高，畢竟樓下的單價可以比樓上高數倍。

因此假若是「零店面」的社區規劃，通常住家售價都會比較高一些，也因為店面價值的存在，賣方也可將此用做稀釋樓上的平均單價做調整或平衡，以求符合市場競爭力。

當然在這麼多的建案之中，無論是舊市區也好，還是新興重劃區也罷，可以看到幾乎所有的大樓推案都會有店面，即便可能地點很差，也都會有此產品出現。

你可以當做這是建商的貪，也可以當作是這些東西就是想要吸引有店面夢的小眾客群。

店面的投資價值是相當極端的，在都市發展的過程中，它考驗的是眼光與耐性，如同土地一樣，誰都不知道未來會怎麼樣，但如果沒有太高的集市率或使用需求，那些空間也等同是養蚊子用，除非房東願意用很廉價的行情來出租。

而店面產品也有幾種特性：

1. 老舊建築的墊高地坪：這種店面現在已經看不到了，但在一些核心機能的中古物件中還是可以遇到不少，臨路有騎樓但會有幾層階梯，這好處是騎樓沒有算面積，但有高低差總是在動線上產生消費不便。

2. 舊市區的大騎樓退縮：這些會吃掉你不少使用坪數，看到那些令人心動好用的騎樓，不要太高興，因為那空間不算公設，而是計入你的「室內面積」，所以相對性價比會低很多，不過優點就是能有遮風避雨跟集中流動人潮的功能，沒有太多臨路的退縮距離也較能吸引過路客。

3. 重劃區的臨路大退縮：沒有騎樓，離馬路的距離太遠產生不良的消費抗性，下雨及看不到店面或嫌步行麻煩等等，雖然在都市計畫規範可以令市容美化，路面看起來開闊，保有基本棟距等，大方向優勢。以店面的立場來說，是不利於做生意的條件。

無論是以上何種特性，置產店面基本不看屋齡，更因土地與店面不會有時間折舊率的，增值與否，全看當區發展。

新興區拼的膨脹是公共建設、利多議題、居住人口成長。

舊市區拼的爆發是機能核心、集市成熟、產品稀有難得。

景氣極度樂觀的時候，店面買價不斐，但相對投機與價差空間是非常恐怖的。

景氣不好的時候，持有店面是長期抗戰，要有相當夠本的子彈預算來撐時間成本。

那店面的售價怎麼算呢？

假若是一級地段與特優店效的單價，基本會以當案土地的購買成本設定，或下拉一些。

例如本案地價行情為50萬／坪，那店面大約就會落在40～45萬／坪居間，商業區另計。

但店效沒那麼好的狀況下，單價就會以周邊現有行情來做設定考量，如果沒有任何參考依據，就用住家售價來定。

比如本案住家單價為25萬／坪，那店面大約就會落在35萬／坪左右。

除非建案基地夠大，不然店面的量通常很少，在售價行情上，如果沒有太誇張的定價，餘屋率偏低。

因為重劃區就是一個夢，很多人就愛就想追逐這樣的店面增值夢，期待有朝一日自己也是個黃金店王。

然而在建築或建商與市場的需求角度上，也會有很尷尬的狀況。

在一般好用堪用的店面面寬至少5米以上。

但景氣不好時這總價太高只能規劃小店面。

建商要貪時就把樓地板權狀坪灌多拉高總價。

歷經前述期間後，市面上會生成許多奇怪的產品，例如：

有地下室跟有2樓甚至到3樓或多半層的店面，但基本很難用到，卻要買那麼多的面積。

面寬只有不到4米的超小店面，卻單價高於市場行情，雖然總價看似低但也相當不便宜。

面寬不大然後樓上或樓下又灌面積出來的店面，既不好用難租總價又高、增值率又低。

很多老手投資店面自有一套，這是一個價值、價錢運用上的哲學與藝術。

那些會去買地段不好的人，想法很多都是先求有的心態或想撿便宜來投資，卻時常忽略了價值成長這件事，

如同想買股票，只看水餃股的意思一樣。

可老手要投就要找最好，成本高、總價高、單價高，這些早已心裡有數，鎖定獨特稀有的條件，對這些有經驗的人來說，唯有吃下這種難以入手的標的，未來自己才有喊價的籌碼。

為什麼呢？

因為有品牌的生意店家還是要集市高度需求的生意，他們只要點做好，其他不考慮，這時店面的價值性就突顯其那不同的價差空間。

黃金店面，不是讓你賺幾百萬租金而已。

黃金店面，是十年前買2000萬現有數倍的行情。

二流店面，放著閒著買方難找生意難為。

二流店面，是十年前買1000萬現在只有1500萬。

**【店面投資的眉角很多，但只有一個重點，貪小便宜大不幸。以買方的角度而言，買條件不好的店面是幫建商解套。以賣方的角度而言，店面只要有賣都是多賺的。】**

# 重劃區・有好有壞。

一個城市的發展，是時間與歷史的輝煌證明。房會老，事會遷，人會移，隨著光陰流逝，城市需求汰舊換新。

都市計畫與都更也就因應而生，我們無法強迫讓原已飽和的區域全部重來鏟平，只能讓舊城鎮佇立在那。

重劃區是將城市擴張的概念，將大片土地重新劃置，主要目的是將人口密度有效分散，將交通與公共建設做更完善設計，就一個原本偏僻的地方塑造成為一個都市。

當然有土地的發展，就有不動產的利益產生，此時除了區段徵收外，開發業者也想極盡資源與努力來盤算自辦重劃，也成就現今一些尷尬的狀況。

撇開利益層面的思考外，其實許多重劃區現況尚未有住宅需求的迫切性，它們的出現都只是共利圈為了賺錢而發展的，反之目前有市場需要的區域卻因繁複的政治立場問題而卡箝已久。

換句話說，弄了一些沒人要住的開發地。使多人想要與期待的地方，遲遲延宕久久不動。

重劃區在歷史經驗來看，也算是一種不動產的本夢比。

它是一片全新面貌的完整土地，想像一下，未來建築物都完成的樣子。

它有完整漂亮的路面與街廓，想像一下，未來發展成熟集市的樣子。
它有很多綠帶與新學校預定地，想像一下，未來居住環境多優美。
它有大眾運輸計畫與公共建設，想像一下，未來增值潛力多強大。
它有許多商區規劃或影城百貨，想像一下，未來新商圈人潮會多熱鬧。
「想像一下未來」，重劃前是一大片空空如也的田，重劃完成後的現況，還是一大片空空乾乾的建地，只有馬路。

所以這是夢，買夢想，賣夢想。
買一個未來，賣未來，想未來。
當然時間過去後並非每一個重劃區的發展事實都能符合當初所預期與想像的樣子，計畫永遠趕不上變化，即便已經成型的不動產市場，未來這個夢是否可以成功實現，這點無人能百分百的給予預知答案。
人們為什麼特別喜歡買重劃區的建案，最大的關鍵原因，在於這些推案幾乎都是預售屋，配合上述對於未來的想像空間，很大很美好，加上預售到成屋需要時間，每一個人都會將信心放在這段等待過程上，誰知道以後會怎樣呢？
如果現在所配置的計畫都在進行中，也許交屋時自己也能享受的到，那預售屋搭配重劃區，而重劃區也搭配預售屋，即是讓買方心動的絕妙組合。
至於如何判斷哪一個是區段徵收又或是自辦重劃往後價值及發展成功率，這除了專業程度的需求外，市場的關注度更甚為重要。
一個地方要被各方所重視，而非自己一個人的主觀見解，你自己很喜歡這個區段，不代表所有人、官方、建商開發業者、企業品牌、商家、地方發展、交通公共建設等，都會認同它。

而當你為了個人好惡買房或投資，很容易失敗。

重劃區與舊市區的優缺點是各自互補：

1. 綠覆率，公園綠帶的比例一個多一個少。
2. 道路動線，前者寬大好走後者窄巷曲奇。
3. 街廓完整，一個地形完善一個畸零散亂。
4. 機能差異，前者集市乏善後者熱鬧方便。
5. 公共建設，一個彈性發展一個沒有空間。
6. 學校學區，前者新校可期後者老校擁擠。
7. 發展潛力，一個增值爆發一個穩定抗跌。
8. 市容觀感，前者宜居舒適後者老屋百態。
9. 交通環境，一個圍繞核心一個要出市區。
10. 市場熱度，前者一級戰場後者建案稀少。

各自重劃的邏輯必須要先有交通的延伸，如果沒有良善的動線規劃，那充其量只能做為一個衛星城鎮。

一個區段的成功必須仰賴大量外來移入人口，若無此條件與市場特性，只靠區域剛需客群發展很有限。

人口與建案自然去化的飽和率也代表著買賣方的拉距是否健康平衡，供過於求難以穩定區段長期發展。

【重劃區一向都有著迷人的魅力，也相當適合一些品牌建商規劃理想產品的地段，打著面公園、學區宅、捷運共構宅、未來商圈宅等等的夢幻議題，每當時間見證了這些藍圖實現的時候，那不動產增值的空間總是可以令人們趨之若鶩。】

# 市場邏輯。

消費者看房前，都會做房市價錢與行情的功課，卻總不去關心每一年的土地狀況，即便有了實價登錄這麼方便的平台，也鮮少人特地去了解。

每一個建商、每一個建案，最大宗的原物料成本都是土地，沒有地、就沒有案，所以購地佈局也是建設公司的重要課題，開發每一塊土地，都為了往後的經營與生計，相對地如果太長時間都沒辦法定期入手這貨源，爾後的時間在營收上就會受到衝擊。

今年買的土地，為的是明年的營利。

今年買了很多土地，為了是後幾年的收益。

那麼，建商在各不同時間點買的土地均價也不一樣，在這點上面，建設公司也跟剛性需求的自住客同等都是消費者的立場。

客戶買房子，大部分都是越買越貴。

建商買土地，也都隨時間越買越貴。

這個食物鏈是永遠不變的立場，建設公司只是個加工者、製造業，而真正在房價上的成本大宗，都調控在市場上最上游的賣方，也就是地主。

做生意，就是買低賣高，有買低，就有進貨本錢，無論如何，賠錢生意是不會有人做的。

所以身為購屋的買方，也需要有一個正確的邏輯觀念，房價高並非是加工者想要賺得多，而是在這進貨的基礎價錢，也總是不斷地攀高再更高。

你所付出的房價，在賣方賺錢的食物鏈順序：

地主：無論土地增值了多少，都由建商吸收。

建商：無論房市上漲了多少，都由買方吸收。

投客：無論房價增值了多少，都由買方吸收。

自住：最後承受所有原物料成本的消費者端。

中間的無本收益者：地主與政府稅金。

地主＞建商＞投客＞自住需求。

地主吃肉＞建商喝湯＞投客啃骨頭＞自住客買下所有的單。

地主若是原本早期持有的第一手，多半沒有時間成本。

當一塊沒有價值的原農地，透過開發、重劃、都更，轉為可建設之用地，那資產成長是數十百千倍。

為何他們可以不受限制的拉高價錢，因為沒有利息開銷，因為沒有養地壓力，因為不缺錢，因為不賣也沒差。

如同你自己的房子一樣，當你沒有貸款也不急於變現的時候，沒要出售就最大，直到買方出了你滿意的價錢。

你沒辦法強制地主不賣貴，更沒辦法干涉地主的意願，也不能要求他們一定要出售，所以土地開發在很多實務過程中，並沒有那麼容易就可達成目標，不僅內容複雜繁瑣且挑戰甚多，對建商而言，大多時候是有錢都買不到土地，不像一般購屋者買方只要有預算就會有足夠的選擇權。

如果你可以有著這個正確的邏輯，那麼就能客觀理解房價為何會貴的理由，金流如水流，從這流失就會從某處得到，不斷上漲的房價空間，就是如此轉到地主手上。

假設一年來房市行情基礎平均往上走了10％，代表同區土地成交行情也漲了20％。

如果一年來土地行情基礎平均往上走了20％，代表同區建案成交行情也漲了10％。

這兩者之間是緊緊相關連著，密不可分，並且成正比的在互相影響著，地主不僅會參考實登價格，更會去以周邊新建案的售價來回推自己土地應該要賣多少。

但尷尬的是一般買房消費者卻不會從土地上面去瞭解房價應該多少合理，在無知之中尋找一個同溫的理由來抱怨，並且從主觀不求甚解的臆測中給自己藉口。

在時機好的時候，土地供不應求所帶來的是極速漲價。

地價的反應永遠比房價還要快，但建商必須先承擔未來的行情將土地買下來庫存，若後市景氣沒有預期看好時，建商還要以時間周期去消化土地漲幅的空間。

如果你期待房價要下跌，在非經濟危機的狀態下，必需要有兩個條件成立：

一個是土地價格強制大幅度降價。

一個是稅金法規限制大幅度鬆綁。

唯有成本受到有效控制，房價才會有期待，否則惡性循環的結論永遠都是真正買房子的自住客在吸收。

【邏輯的基礎點來自於因果，尋思那個原因，才有這樣的結果。數字是現實的，只要它發生了變化，都會有某種原因的存在進而成立你我所看到的現況與事實。相信它，那麼你就跟得上這金流的共利圈，不相信它，那麼你就永遠只能活在自我的無知之中，然後沒有房。】

# 管理室VS大廳。

公設價值，來自於建商對產品的設計原則與風格。

消費者不知道的是，到底要花多少錢或是可以省下多少建築成本。

消費者普遍得知的是，那些都不屬於自家的空間，可以不用太在乎。

從老舊的中古屋來看，雖然它們的公設比都很低。

但也可以發現早期建物鮮少會如同現今社區有豐富的公共設施、氣派建築材質、特殊的設計風格、或是高質感的迎賓大廳，取而代之的都是簡陋又平凡無奇的公共空間，難免陽春且普通。

就像人們對於飯店的觀感，現在也有許多打著飯店宅、五星飯店管理、飯店式門廳公設等等做建案賣點主軸。

也許很多人不在乎，但當你在旅遊出國、或是有需要外宿的時候，大家總是希望可以入住一個很棒的大飯店。

那麼你希望自己所花費承購的住家建案，是三星、四星，還是五星的等級呢？

公設，也就是在這樣的基礎下來延伸表達它的意義。

回頭看看你現在所住的社區，你會給它做出幾星的評價呢？

還是曾經羨慕著親朋好友的家有著那種賓至如歸的社區呢？

三星與五星的飯店，在消費價格上，能比較嗎？

三星的低俗，五星的氣派，它們是同一水平嗎？

同樣售價20萬一坪的同區建案，A建商打造了非常棒的公共空間，B建商僅是簡單帶過，究竟哪個划算呢？

在建築的世界裡面，公領域占據了非常大的面積比例，從動線上所可以感受到的觀感，分為以下：

建築外觀＞建案基座＞大廳門面＞管理中心＞信箱收發＞電梯梯廳＞電梯車廂＞各層廊道＞各戶門牌＞頂樓空間＞中庭花園＞公共設施。

除了功能性之外，造價最昂貴的地方在於設計跟建材與施工品質，它們包含了地板、牆面、天花板、擺飾等等。

這些如果能夠給你的觀感是10分，那這成本不斐。

這些如果只能給你的觀感僅1分，那這成本低廉。

天與地的差別，也就產生了消費著的品味層次。

有的人就是很在意這些條件程度。

有的人就是對公共空間嗤之以鼻。

同樣的事物，有的人無法欣賞它的美，有的人卻很能感受到這種氣息與氛圍，它不見得是滿足人們的虛榮感，也不一定是用來做為身份地位的表徵，但有與沒有，就是極端的不同。

公領域有多重要？

它的管轄權在於管委會，它的維護任務也在管委會。

你自己的家裡要怎麼做，要怎麼裝潢別人都管不著。

自家房子要豪要素要頂級要平價，只要有錢都可以辦到，但公共空間，卻是永遠無法因個人欲望就能隨意變動的。

從你入手的那一天起，你家社區沒大廳，它就永遠沒有。

沒有甲乙丙設施，也不可能爾後增建。

沒有漂亮的外觀，就是一直這麼難看。

沒有華麗的設計，就會一直這麼庸俗。

看到很多僅能稱做管理室的門廳，也許受限建案與社區規模，但那種感覺實在無法當成一個集合式住宅的門面，甚至還有很多是獨立區域的管理空間，不僅要讓賓客在露天中等待住戶回應，還要在寒風雨淋下來跟警衛對談，不免難看怪氣。

有一種舒服叫做自己看了就會心情好，而且是長期的。

那是個滿足人們感覺的空間領域，不僅實用更要美感。

如果你看到的建案，單價並不低但公設卻陽春普通，那賣方利潤肯定不差。

如果你買的建案，單價雖高但公設卻豪華如五星飯店，那賣方是盡善盡美。

如果你遇到的建案，單價便宜但同前者上述，合情合理。

如果你遇到的建案，單價便宜但同前者下述，物超所值。

好的房子，不是只有看單戶內部而已，它是綜合評價。

好的建案，是需要完美又大器的一切，它是整體價值。

【想住在五星飯店內的那種感覺是個享受，不要浪費你買房時任何一毛錢的價值，完善並非著眼一個點，而是整個面。】

# 貳

# 市場分享

以個人職業經驗
所知的立場與
角度做分析

# 賣方信心。

市場最慘澹莫過於是當製造業不再製造，加工業不再加工，整個消費與生產鏈的源頭也沒有經營下去的信心之時，那是一個景氣最谷底的心酸。

也許有人認為，沒有買方你房子蓋再多也沒用。

或是這樣認為，買方沒信心你房子勢必要降價。

其實這是一個較為偏頗的說法與認知。

不動產的原物料在於土地，而當建設業認為投入市場風險遠大於回收效益的時候，就不會有人貿然進場。

買方的確是會有買氣的差別，但賣方也同樣會有投資信心的影響。

景氣不好的現象不僅是沒人買房，當沒人賣房沒人蓋房的時候，代表市場更困苦艱難。

約莫在104年的時候，不動產氛圍冷凍至近十年之谷底，沒有比這一年還要更冷淡的，此時不單只是新建案沒人看，中古屋沒人出價，更可怕的是土地沒有建商敢買，每一個環環相扣的生態圈都在共體時艱，生意難為，餬口小幸。

而幾年後的復甦落底，強勁的反彈，買方的反應與建案的銷售成績，以及市場從回溫到逐漸熱絡，也令賣方的投資信心與擴張意願慢慢大膽起來，也開始豪邁的掃購地皮。

畢竟經濟的來源在於金流，資金無法流動且買賣方都保守不願投資與消費的時候，就是經濟中風的現象。

但與此同時，卻有一些言語及聲音論述著這表示市場將走向供過於求的堪憂。

其實不然，賣方在購地的時候，也有著同儕效應，那家也買地了、這家也買地了，我不跟進怎麼行。

連鎖反應下也就產生了短時間內土地供不應求的現象。

試問如果沒有經過市場的評估與研究，誰會隨興就投入少則數億、多則好幾十億的資金呢？

什麼是利多？

常常在新聞看到哪家科技大廠、哪間上市企業、哪個大品牌插旗投資入駐的時候，就會產生很多正面的效應。

這時候你會喊著那些科技公司、百貨公司、基礎建設、交通計畫供過於求嗎？

市場總是得先要有投入，才會有後面的結果。

沒有任何的創造與起因，何來消費上的機會。

不動產亦是如此，當建設方與賣方，願意大舉佈局及投資開發的時候，根本不需要去管供需層面的問題，因為那要時間來證明與發酵。

但最基本也最重要的是，這個市場已經非常確切明白的活絡起來了。

也是房市健康發展的象徵與代表。

如果這時候再把利多解讀成利空，而非以一個客觀的經濟角度來看待的話，那不是意有所圖就是想帶逆勢風向。其實類似這樣灑狗血的分析，並不會對真正的消費者有所幫助。

過度保守的人，是無論市場好壞都持保守看待。
審時保守的人，是只在市場不好時持保守面對。
合理進退的人，是在市場好時積極態度來佈局。
先有捨，才會有得。
沒有投，哪會有得。

**【現況事實就是一堆賣方擔心的並非房子賣不賣得掉，而是土地有錢也買不到。】**

# 財富人口。

在貧富差距越來越大的社會結構之中，仇富與排斥致富管道，似乎已成了人們矛盾的思考，有著想發財與解決現實困難的欲望，同時也忿恨那些自己無法財務自由的不公。

很多人總是想學習著成功者如何成就自己的經濟，但卻又不願意付諸行動與改變自身觀念。

在台灣，有15萬餘人資產超過上億。

而在此的財富占比有很大的來源是在不動產上面。

也許你可以解讀成越有錢的人炒房炒股總是能夠翻倍再翻倍，你也可以解釋成為其實從0到1，只是一個決定而已。

也因此永遠註定了資本社會主義總是無法均富，也因此我們所生活的環境貧富差總是越來越極端。

一份最近來自於國際組織對於台灣的人口財富研究指出：全台最有錢的不含房貸之淨資產比例。

前0.01%，一共1485人，每人平均身價38億9526萬。

前0.01～0.1%，一共1.3367萬人，每人平均身價6億1934萬。

前0.1～1%，一共13.3657萬人，每人平均身價1億5908萬。

前1～10%，一共133.6581萬人，每人平均身價4180萬。

後90%，一共1336.5814萬人，每人平均身價381萬。

而最關鍵的數據證明，在台灣這些千萬富豪的資產總是離不開不動產，也可以換句話說：

「有些人因不動產致富，而有些人是致富後大量投入不動產。」

這些占比較高的富人之中，通常平均年紀較長，而早期不動產的購入成本較為低廉，以致而後隨著時間推移，房產價值也與自身的年紀成正比的膨脹，財富也就像雪球般越滾越巨大。

「時間是成就資產成長的不二法門。」

而現代較為年輕的族群，購屋入手壓力與難度已大大跟過去不同，除了繼承與家長願意金援之外，多數年輕人也漸漸與財富的距離越來越遠。

因為不願意承擔房貸，不願意為房子犧牲生活品質，也不願意存錢，或將積蓄投入在不動產上面，導致現今普遍狀況是；有錢有房子也越來越有錢的老人，沒錢沒房子而越來越窮的年輕人，但中間的斷層差也越來越大了。

以人口的數字而言，其實台灣無論是跟國際比較還是在貧富的落差上，都相對比較健康穩定，而多數具權威性質的國際經濟單位也判定出我們近年的貧富差距也沒有惡化的現象，比起歐美日先進或極速成長的中國而言，我們所處的環境平均富裕程度是相當不錯的。

這也表示即便你覺得房價高不可攀，但在我們周遭生活人們的平均狀況而言，其實房市尚未有到那種需要你我去擔心的程度，或是那種高度的恐慌警戒。

依照國人目前的經濟水平與發展來講，似乎在幾年內要期待房價會下跌應該都不太可能會實現。

講得更直白一點的是……

**【你以為大家都買不起房，其實不然，大家都過得很好，那些隱形富豪跟淨資產數千萬的人們也因為買了房子而後生活過得更好。】**

離開那90％的同溫層，進到那9％的平流層。

其實只要一個決定，「買房！」

# 中古與新屋市場大不同。

中古主要通路來自於仲介。
新屋主要通路來自於代銷或建商。
前者是第二手。
後者是第一手。
相對於這兩者之間的客層、購屋動機、消費模式、計價規則、行情、甚至到投資邏輯與目標，都完全不同。
所以在市場分析與研究的定義上，不該同比而論。
相對的，鮮少有人會拿舊房子的行情來談新房。
也不太會有人拿新建案的價格來跟中古屋議價。
對於市場的分析與研究是相關工作的必需，卻不是看屋者的必要，更不能做兩者市場之間的比對。
有人說，買賣棟數移轉率成長。那關新房什麼事呢？
有人說，新遷戶入設籍率成長。那關舊房什麼事呢？
市場之間的各種數據與條件是環環相扣著，但對於各種不同的買方卻不相互影響。
換言之，仲介業績好，不代表新建案市場好。
代銷場子熱，銷量高，不代表中古屋市場好。
如果用二手市場判斷新建案該不該接，可能會受傷。

如果用新案市場判斷中古屋該不該做，可能會吐血。
有哪個城市或區域，同比中古屋會比新房還貴的？
有哪個重劃或地點，同比新屋會比舊房還便宜的？
拿實價登錄的價錢來買新房子，買得到嗎？
買新建案應該要看「土地」的實登而不是中古屋的價格。
同理也沒人會用新案行情來去買舊的房子。
當新建案越來越貴的時候，如果景氣不是太熱絡，通常買方會猶豫，也會期待有沒有降價或讓利空間。
但這個過程並不會維持太久，因為大多數人對購屋是有絕對的需求性，不急，可拖久了也是種壓力跟煩惱。
而時間也會慢慢證明兩件事，買方就會放棄等待。
「一是自己以為沒人會買單的房價卻都賣完了。」
「其二是新房越來越貴更本不是自己所想的那樣。」
這結論的最後，只能強迫買方做出決定。
就是你的預算、你的資金，到底能否負擔新房子。
如果不行，只好去買中古或新古屋吧，這時候仲介的業績就會迅速成長，接連的影響也會讓二手行情逐漸攀升。
新房拉舊房，二手抬新屋，這就是市場，當一個人放棄看新建案時，就不再會比較。
當一個人沒有要二手房時，就不會找仲介。
什麼人要新房子，什麼人要中古屋，在動機與市場上都有本質的不同，相對每個時空、經濟環境、背景、發展過程等等的影響之下，都會有不一樣的結論。

**【拿中古屋來殺價是極度愚昧，用新房價來買舊房子是樂善好施。景氣好時新舊市場都熱絡，景氣不好時兩者皆可拋，景氣復甦時總是一帶一路。】**

# 房市・政策・選舉。

台灣不動產一直以來都沒有跟政商脫勾，在這點上面很難會有清流，畢竟在申請建照與所有需要相關的公家審核項目，有關係就是會比較順遂，當然關係越好承辦各項工作事宜就會越有效率。

撇開是否有無檯面下的利益，但開發不就是要共好互惠嗎？既然上位者有足夠的權力掌控一個區域的發展，難道不會有私欲嗎？

在我們的文化發展走來的歷史，久而久之不動產也成了一個灰色地帶，在商人、政治圈、消費者中不斷成了可以相互獲利的三角關係。

為什麼那些打房議題可以這樣的備受關注，因為人們為了購屋需求都期待著買房成本能夠無限降低，既然買賣市場制定了自己不能如願的行情，那至少要寄望於定期選舉時都有換人做做看的機會。

換了政權，也許就能讓政策的夢想實現，但多半無法改變根深蒂固的文化事實。

可人性就是如此，每一個新參選的政客，每一句打動人心的政見，每一個為了居住正義而獻策的新想法，總是能令大家一次又一次再一次的傾心相信它。

然而市場也是一次再一次的用事實打擊破滅了這樣的期望。

我們不該去以一種無法改變與治本的天真去投入選舉支票之中，在不動產的世界來講，土地增值背後所帶來的利益太大了，不僅可以增加國家稅收、也能改變與生活息息相關的政策、最重要的是可以帶動財富上層圈的資產滾動。

當你不是在這種利益共享的船上，你是無法體會這到底影響有多大，所以為何不土地漲價歸公、為何不從地主與地價上下手，因為沒人會跟自己的財產過不去，也沒人有辦法可以跟這種有錢有權有勢的掛勾集團對抗。

房市永遠都是買賣供需市場機制去決定現在你所知道的價格，它不是任何一個人或任何一個單位可以去控制與影響的。

有人賣，有人買，就構築了市場。

賣高價，有人買，就成立了行情。

這樣環環相扣的影響是全面性與龐大的，永遠不是你想像中的樣子，也沒人可以絕對性的預知未來或走向。頂多從專業與經驗裡面所養成出來的嗅覺與眼光做預判而已。

而政策總是能牽動著經濟上的各種發展與走勢。

房地產又是身為火車頭的指標性，所以對不動產利多的政策，只要時機對了就會刺激消費與投資的瘋狂。

當然火太旺盛的時候政府又會祭出澆水的利空，來對市場做出一些平衡與遏止過度的買空賣空。

但很多不適宜與不夠專業的政策，卻反會適得其反，帶來長期買賣方的痛苦，各不得好處。

現在，就是處在這樣的狀況。

**對建商而言：**

推案是為了生存與永續經營，已非單為了賺錢。

要推案就得要買地，現一地難求且又越來越貴。

成本高售價就沒有空間，以致不斷挑戰新高價。

利潤都進到了地主與政府的口袋之中，不僅房市行情並沒有因為房地合一或其相關的打房政策而壓低，反讓製造業者的生存空間遞減縮小。

如果不過度干涉市場機制，當買方不接受房價的時候，自然建商有足夠的條件讓利求售，但當不妥政策令基礎成本全面抬高的時候，房價就不可能會有這種彈性空間。

殺頭的生意有人做，賠錢的生意不會有人做。

**對買方而言：**

打房消息傳出來的時候，居住正義似乎要來臨的時候，人們就會開始充滿預期降價的心情來等待。

時間很快，慢慢地發現即便連這樣的政策都無法令行情如期發生時，又會開始惡性循環的想著更奇怪的東西來試圖做新的打擊。

對整體經濟循環的不了解，卻只因私欲而只為了想降房價而吵著喊崩盤，這是很不智的極端與無知。

幾年過去了，事實也證明著。

當市場只要有著供需所存在的時候，政策雖會影響，但在地位上是無法與市場相抗衡的，時間也總是能證明一切，時間也讓這個現實告訴你，別期待政府承諾的所有藍圖，只需要相信自己眼前的全部。

【選前政見支票不可信，政治永遠不會與不動產脫勾，商人與政客永遠都是利益共榮圈，你無法抵抗這樣的大象，但卻會一直被不切實際的造夢者所牽引著。】

# 房情後市2020。

自105年房地合一稅上路之後，全台不動產極速冷凍，乏人問津，無論是新屋市場的預售或成屋，還是中古二手的仲介詢問度，這兩者的來客量、成交率，都低迷到近十年谷底。

同時各界大量的利空風向與分析，買方的各種保守看待，有購屋需求的人們幾乎都在等待房市過熱後的泡沫破掉，這段時間也在考驗著投資客的銀根能撐多久。

然而歷經了兩年的低潮之後，市場也慢慢趨於穩定，剛性需求大量浮上檯面，建商沉寂了幾年的煎熬期也陸續回復信心。買賣雙方都習慣了稅制打擊上的事實，看到回暖的春燕帶動著小坪數的熱絡，大家都在為尋求新的出路而努力著，投資客的庫存壓力因時間去化不少甚至游刃有餘，也開始重整旗鼓物色新的物件與市場思維。

這情況到了107年自白熱化到了逐漸成熟的階段，每個城市的土地被瘋狂掃貨的消息傳遍整個市場，對開發業者而言，仲介也不缺買方了，只要能取得不錯的土地機會，成交也就不在話下，當然地價也屢創新高。

在成本越來越貴，市場接受度也回籠的情形下，近一年來的新推案房價著相當顯著的提升，以第一線的買方所回饋的態度可以清楚感受到，客戶經過幾年來的適應，過去的行情更本無法令人期待，那些專家學者所論述的房空價跌，根本不存在現實環境中。

**買方說：**

我以為房價那麼高，肯定會跌，結果新案越來越貴。

我以為房子沒人買，慢慢等待，結果新房都賣光光。

我以為那些新建案的價錢更本不會有人買單，結果在回頭去問的時候，更本沒有一間房子在等我，價格也完全沒有如我的願，合我的預期。

**事實是：**

新建案的坪數需求越來越大，買方已經脫離那種先求有的悲觀預算，可以大膽入手好用與功能充足的三房。

行情的麻痺，新房超出預算，只好往中古屋市場找尋，以致今年來賣方業績巨幅提升，開發委託量嚴重不足以提供給買方選擇，售屋者的價錢也越來越高。

加上成交金額量是去年同期的2、3倍甚至以上，連仲介平均的成交速度都非常快，買方不再有像前幾年的時間一樣可以慢慢考慮慢慢議價，你今天不買，隔天就被別人買走。

買方市場，走到今年差不多到底了。

那麼後市呢？

不動產的推案邏輯很簡單，今年的成本就是明年的房價。

今年沒人買地，明年一樣冷清。

今年瘋狂買地，明年一堆新案。

今年土地狂漲，明年房價狂飆。

已經快接近大選的尷尬期，卻沒有以往的尷尬來客量。

現在的房市買盤熱情，似乎比關注什麼人當選來的更為肯切明白。

好像在告訴人們，誰當總統都無法阻止我買房。

明年甚至到後年，新房市場必漲，因為沒有一家建商持有成本是低的，即便有那種例外，還是跟隨行情上行。

而走在後側的中古房市，會比今年更好，因為新建案更貴以致推動更大量的剛性買盤需求。

投資與置產的機會更多元了，比起幾年前的買方信心而言，現在的客戶更相信台灣不動產就是個錢滾錢的保值工具與生財之道。

客戶自以為的買方市場，客戶還自以為的買方說得算，在後市會完全蕩然無存。

雖說經濟環境景氣不見得是有多麼樂觀，也沒有那種瘋狂大多頭的超級熱潮，但很明顯的現在開始正要從谷底極轉直上的氛圍，未來會走到什麼程度誰也不知道。

但，順勢而為不是最重要的嗎？

人不要逆天而行，事也不要逆勢而為。

**【無論誰當選，都不會影響賣方成本。無論誰執政，也都不會影響買房需求。2020之後的房市，不是看多、也不是看空，只是很單純從現今的入手成本及第一線的買方信心所綜合起來的結論罷了，後面越來越貴的房子賣得並不是泡沫，而是紮實的增值。】**

# 生育率VS房價。

【房子是拿來給人住的，生育率每況愈下，未來這些房子誰來住阿？】

我想這是一個普遍大眾化的一句話，幾乎所有人都會將房市的供需永遠跟空屋及生育兩件事掛勾在一起。

但仔細想想現代經濟的環境需求層面，就可得知一二。

房與人的比例是1：1的前提下；房價持平穩定。

房與人的比例是2：1的狀況下；房價下修盤整。

房與人的比例是1：2的條件下；房價量價齊揚。

這個概念，就是市場。

那麼問題來了，這個可以影響價錢中人們的需求比，是即時性的，還是未來性的呢？

往往我們所遇到的事實總是突如其來的快且難預料。

房價要崩盤的時候也就這麼無情快速的打擊到谷底。

房價要爆發的時候也是毫無知情的極端膨脹到天上。

歷史之中：921的腰斬、SARS的五折價、金融風暴的低迷、房地合一的打房，這些事件跟生育率、空屋率，又有何關係呢？

它們總是這樣的臨時，這樣的任性，這樣的說來就來。

生育率講的是未來的事，不是當下的狀況。

當孩子越來越少還沒發生時，台灣的房價並沒有只漲不跌，也沒有只跌不漲，既然如此，為何要這麼關注於這個看似合理的邏輯，卻也不合理於事實的議題呢。

無論什麼產品，制訂價錢的主導者永遠是市場。

是供給量，是需求量。

換言之，就是消費信心。

簡言之，就是買賣拉鋸。

而台灣的不動產，在需求這件事上面，早早就跟人居與住的這種單純離著了，關係不相關了，也沒占那麼大的比重了。

沒錯，今天問問左右旁鄰的親朋好友看看，買房子只是拿來住而已嗎？

在賣方近十年的經驗上：

購屋者的動機有給孩子的、有自住的、有置產的、有短期投資的、有存錢用的、有長期規劃打算的、有給父母的、有拿來收租的、有多重用途的。

那麼多的需求種類。可所謂的生育率，僅是其中之一的「自用」考量，卻跟其他與經濟相關環節的需求動機理由沒有任何關係。

然而影響房市最大也最直接的衝擊，只有三件事。

一個是打壓與控制不動產的政策利空。

一個是經濟循環與全球恐慌的黑天鵝。

一個是永遠無法預測的重大天災人禍。

這當中，沒有生育率的存在，也沒有人口紅利的因素。

議題嘛，不就是要令人討論引起注意嗎。

但久論的同件事都沒有發生的時候，是否我們更該去認真思考一下，真正影響房市的理由究竟是什麼？

或者從過往與發展的歷史之中尋解答呢？

民國110年的生育率比101年低；而100年又比91年低；90年也是比81年低，隨著時代的變遷，少子化是一直從過去以來都在發生的事情與問題，但這數十年來之中，到底我們要等到哪一年才真正的會發生因生育率而帶來的房市問題呢？

**【種稻米的不會因為少子化而影響米價，做衣服的不會因為生育率而衝擊消費價格，賣車的也不會因為人口少了而打擊車價。這些道理不是系出同源嗎？人少了，嘴少了，開車的人少了，就應該要降價？】**

# 買方的食物鏈。

在不動產的買賣裡面，自住客與自用者都是最打底的市場證明，這也是所謂的「剛性需求」。

在景氣好的時候，這些客層是最可憐的。

在景氣差的時候，這些客層是最寶貴的。

一個建案的推出，到底買房子的人們其動機有怎樣的差別，其實很多消費者不太會去關注這件事。

購屋客層的食物鏈：投機客、投資客、自住客。

這剛好也是資訊網的接受順序、吸收漲價空間的排位、好的戶別樓層與車位的賣序。

為何會有這樣的落差，如同股市散戶一樣，接收到的資訊總是比較晚，相對取得的條件就無法跟上先機。

在不動產買賣的過程中，投資客是很重要的存在，假若一個建案不受投資客青睞的話，那銷售週期就會很長，相對地如果是投資客所鎖定的標的，那速度會以倍增成長，並且賣方也會制定一些為其量身打造的銷售模式。

那麼問題來了，究竟這三者之間的本質差在哪裡？

投機客：只為賺錢而生，沒有利益的目標就不會存在。

投資客：做置產考量，有效做資產配置打算，沒要住。

自住客：只為單純需求購屋，考慮與決定的周期較長。

對投機客而言，機會就是金錢，當然平時就會積極思考這方面的通路與尋求資源，甚至保有持續不間斷的資訊追蹤。

對投資客來說，他們雖然沒有那種時間去投入在這方面的研究，但只要是常態有在市場做實際投資買賣的族群，你就是被通路所設定的主買方之一，只要有機會就會優先通報你來做盤算。

對自住客來說，他們都是資訊末端接收者，也幾乎都是廣告的主要受眾對象，基本上能知道訊息的時候都是賣方所散佈出來的消息，所以都不太能清楚整個案子的來龍去脈，不過若不是自己有興趣的房子，自住客也不會想知道的太多，即便聽聞過也不會放心上。

在市場機制的結論之下，也成為了一個有趣現象。

自住客只能無可奈何的去接受這一切，但總會忿忿不平的抱怨這些不公全都來自於投資客太多。

但是，沒有投資客願意進場的那種時機，很多人也是不敢買房子的。

經濟環境好，自住客抱怨房價被炒高。

經濟環境差，自住客害怕房子沒人買。

其實任何人都可以走入不同的食物鏈階層，只在於自己的觀念與思維，換句話說，所有投機與投資客的最初，也都不過是平凡一般的自住需求而已，因為經驗、通路、研究、瞭解，才透過時機慢慢地跨上了不同的供需角色。

換言之，當你還只是個自住客的時候。

你不會提前關注分析市場的動向，那些都對你來說是無聊又沒趣。

你也不會理會所謂的預購或早鳥優勢，因為你身怕自己是白老鼠。
你更不可能會用共享共利的角度去看待那些可以互惠共存的通路。
你總是抱著多疑多慮的心情去面對可能性的機會，因為老怕被騙。
在現場銷售時也經常會遇到客戶這麼講：
「你們剛開案，不知道會不會賣得好，我考慮一下。」
「你們已經賣那麼多了，那我不是只能買剩下的嗎。」
因為缺乏對標的與市場的判斷與眼光，也缺乏做即時性決定的勇氣，以致於——
可以買便宜時怕案子賣不好被套。
確定熱銷時又嫌漲價與被挑剩的。
但這些投機客都不放在眼裡，因為他們早已確認投資者要什麼菜，也總是能夠滿足他們的胃口來放飯。
而投資客只跟隨能獲利的腳步前進，貪者一次買個十來百戶，少者進場小玩小買。
所以在其不同的需求性質，產生了差距分歧，也因此決定了食物鏈的層級。
這就像大自然每個生物角色的存在一樣各司領了不同的環境地位，也平衡了整個市場運作，創造了機制，決定了景氣與行情。
當景氣不好的時候，投機者消失，無利可圖。
投資者不再有信心，失去正向資金流動循環。
最後只會剩下唯一的自住客僅存的剛性需求。
時機不好，願意進場的人絕對是最便宜的。

時機大好，提早進場的人永遠是最便宜的。

**【誰吃誰、誰被吃，都不重要。因為吃人的那一方也曾經被吃過，最慘的是主觀讓自己永遠都成為那食物鏈最底下的那層。】**

# 置產・新竹篇。

新竹長期以來都是一個利多預漲的地方。
聞之消息，小漲。
確認發展，大漲。
建設完成，行情。
商圈成熟，高價。

新竹市場有著全台房地產極不同的特色。
幾乎所有環環相扣的源頭，都來自於竹科、外商、科技業，全是差不多性質的客層。
理性、兼具保守與貪婪的組合、天使與魔鬼的並存。
可以是龜，也可以是隻豪龜，或是個超級土豪龜。

對於其他城市來說唯一不同的是，有錢。
千萬不要相信工程師說他預算不夠，是因為他不想。
也別聽科技業有關收入問題的回覆，都不是買不起。
新竹的消費力相當驚人，可謂全台之冠。
有足夠強盛的基本消費，怎會沒預算呢？

景氣不好的那幾年，即便是貪婪的投資客，也撐住了大量交屋潮伴隨而來的利息，也因此頂住了新竹房價讓其在那段時間並沒有明顯的下修幅度。

這也證明了善於精算數字的這些人並不會輕易地令自己走入經濟絕境，縱使可能吃緊，但總會以最聰明的方式來渡過低潮。

於此也表示了這邊的客群有足夠穩定的收入可以支付那些過度投資的持續性開銷，賤價拋售與斷頭的例子在這個城市中真的不多。

有人問，置產該選哪邊好呢？

在新竹不動產的主要戰區，需求量最大的是竹北、關埔兩地，無論是投資、自住、中古，基本八九不離十都以這些區域為首選。

那既然是置產，必須考量這兩字的定義。

置產是長期的，不是走短進短出的買賣。

如果把時間拉長十年以上，我們應該要用歷史經驗來看待這件事。

以近十年的週期來研究，到底哪邊的房價成長利潤會比較高，哪區的房子脫手率與詢問度最高。

十年前的那些寸草不生，雖然不管買在哪裡都很便宜，但十年後的荒地變商圈可以讓你賺多少？

既有機能的舊市區，經過十年，它又可以讓你賺多少？

利多環繞的主地段，走了十年，它又讓你房子漲多少？

這是個有趣的議題，量先價行，似乎是市場與行情永遠不變的法則，需求量決定了一切。

漸漸的了解新竹之後，會發現一個現象。

增值的房子、建案、產品、空間，永遠跟你原本預期想像的不一樣。

你以為會漲的標的，卻沒漲。

你設定的投資時間，沒什麼賺。

你以為會漲很多的，卻小賺。

這又是為何呢？

因為你放的不夠久，因為你的耐心不足，因為你的眼光太粗淺。

置產是一種以時間圈養價值的投資思維。

只要你放的夠久，只要你選擇的區段需求量夠大，若干年後賺兩倍房價這是時有耳聞的先例。

換言之，上述的現象在持續放個幾年之後。

結果大不同。

以此做為邏輯，現在你應該選擇一個機能發展與被關注度最大的地方，即使價錢可能有點高。

但這不重要，每個時空背景的高價地段，永遠都有人在嫌貴，不然看看十年前最精華位置的建案，比現在的蛋白區都還低價呢。

可還是依然有人嫌貴，所以只看眼前的價格，而不看未來的價值，是很難可以下手做置產的。

買房子，永遠賺得都是時間財。

選好了適合的標的，剩下的就是沉穩耐性。

置產不是周轉、不是投機、不是短期回收。

置產不是賺投報率，而是賺最大值的空間。

以前的15萬現在的30萬，當時你覺得不可能。

現在的30萬未來的60萬，現在你覺得不可能。

如果一切都是不可能，那麼眼前的事實又該如何解釋呢？

**【我們不需要那些鑽牛角尖的數據理論技術，我們只要多花點時間從透明資訊中找尋麵包屑，剩下的，交給耐心。】**

# 3年後．房市。

不動產可以培養出一種很神奇的第六感。

那些在這個行業生存超過20年以上的有成前輩，對於市場的變化莫測，總是有著特殊的嗅覺，無法解釋的危機雷達。

很多時後我們都需要「已經發生過」的數據來做分析研討，從結論判斷後續的經營策略與發展原則。

但即便如此，這些東西也只能做為參考，還是沒有辦法做出未來必定會發生的預知，因為經濟的運行事實，總是難以捉摸，我們可以做好預防與風險管控，但最多也僅能盡力的順勢而為罷了。

房市是很多人在意與關注的議題，尤其年年都被放大討論的價錢與行情，區域發展與建設進度，每個人都在關心的不外乎是我家漲了沒、房價要跌了沒、投資置產該賣了沒、百貨影城要開了沒，等等諸多數不完的空派與多方的拉鋸拔河。

3年，說短不短，說長也不長，但一轉眼就過去了。

一棟高層建築從預售到交屋，也差不多就這時程。

回顧前幾年，無論是低迷的時機，還是現在逐漸熱絡的環境，我們這個行業的上班時間都不會因此減少，但收入機會卻會有很大的落差，代銷投資風險與壓力也會有不少的距離。

所以嗅覺判斷越靈敏的人，在那種大家都共體時艱的時間點裡，損失會比別人少很多，相對在雞犬升天的時候，賺得也會比人多更多。

以前人們總說不動產是十年一轉，一個波段都以每十年做為一個景氣循環的參考點，有谷底也有高點，從下往上升需要時間，從上往下跌卻是一瞬間。

沒有人可以知道那個熱頭的最高峰點究竟在哪裡，但是這個過去的理論，卻無法用來解釋這近十年餘的市場變化。

該跌到的底時候撐住了，該往上衝到頂的時候也卡住了，導致雖然人人都有感，行情在時間的結論後，是確實漲價，可在這循環的過程裡並沒有很明顯的下修幅度。

換言之，在這十年裡沒有過去的那種破壞到底後再創造出新市場的狀況出現，只是不斷的盤整而已。

金融風暴時的恐慌，雖然帶來了許多各行各業無薪假的衝擊，但房市的下跌空間卻非常微薄，這樣的冷淡期在短短的半年後徹底反轉，而後至今也已十年了，卻不見任何確實又打鐵的行情修正，唯一有影響的只是看屋與成交量而已。

我們這一個大波段走的是緩漲期，景氣確實不好沒錯，整體的環境熱絡度也不比過去大多頭時的熱鬧與瘋狂，但熬了三四年的低迷期之後，居間震盪的行情逐漸穩定起來。

以近年賣方的產品設定之中可以看到正面的變化，而買方的自然去化速度與需求方向也讓不少業內可以更有信心的表示，後市非常可期。

緩漲雖不能代表是景氣復甦的徵兆，但對整體市場的結構來說是健康的，只要底部的自住需求量能是年年往上增長，那麼這增值空間是可以被肯定的。

這也表示那些真正有購屋動機的客層也慢慢接受認同這樣的事實，畢竟買房對大多數的人們而言都是很重要且必須要做的事，只剩買與不買的差別，那最終就是早買跟晚買哪一個對自己比較有利而已。

既然時間已經證明了越晚決定就會越吃虧的事實，那不如有機會就下手了吧。

於此，那些需求者與幾年前的保守觀望者，也在近年出籠積極買房跟物色標的，那些行情也告訴了我們，時間過去之後就再也買不到以前的價格了。

若干年後怎麼樣，任何人都難預判。

但以目前所知的市場狀況來做根據。

明年的銷量肯定比今年更好，後年的買盤信心肯定比明年更明顯，大後年的房價肯定比這兩年都還要更高。

會貴上多少是一個問號也是一個未知數，但唯一能清楚又確切明瞭的是，只要房子自然去化的速度是保持穩定甚至上行成長的話，每年5～10%的漲幅應該是很基本的速率。

這幾年買方儲存的能量也到了一個程度，現今就算預算沒那麼充沛或已經購屋的客戶，只要有新建案推出，還是會很有興趣的想多看多瞭解，試問如果完全生不出半毛資金的人，何須去浪費那些時間呢。

你永遠不知道這些人能擠出多少。

但可以知道的是只要有心，再買個幾戶似乎也不是什麼多困難的事，因為信心回來了，因為買氣氛圍回來了，因為感覺不一樣了。

**【投資客總是喜歡暴利的行情，但自住客比較喜歡穩漲的市場。買空賣空賭的是泡沫空間，雖然現況的獲利與投報幅度沒有熱潮時那樣瘋狂，但相比之下最少是保本且健康的增值，如此其實對整體來說都是好事。】**

# 新竹・有海外市場嗎。

台灣的不動產市場一直都是以內需為大宗，海外投資者即便有，也都關注在大城市比較多，除了台北、台中、高雄外，其實現況來看幾乎國外客是少之又少。

但這並不代表台灣不動產沒有國際潛力，相反的是有高度的競爭價值，而有此今日狀況主要原因在於國家政策。

在這方面上，我們是既保守，又排外。

外國人想在台灣置產，是相當麻煩與繁瑣的，為此設定的主要目的也是在防堵陸資，不讓對岸過度惡性的炒作以保護境內房地產的物價穩定，許多種種的理由，讓我們現況的房價基期在國際間比較起來其實相對低廉的。

因此港資與陸資對本國不動產是覬覦已久，雖然近十年政策有慢慢地些許鬆綁，令自89到106年來，外國人取得產權數量成長了三倍多，但與其他正在開發中國家的開放外資投入量與整體國人成交比例上，還是有非常巨幅的落差。

有人認為，放任外資大舉入侵之後，台灣人就會面臨到真正買不起房子的窘境。畢竟對於中國內地市場而言，他們普遍會認為台灣是一線城市的質，但三線城市的價，加上各種優於大陸等等的不動產交易制度，我們的房子簡直是便宜到不行，划算到天上去。

那麼如果內外資的平衡被破壞之後，房市就會迅速的膨脹泡沫，雖然會帶來短期的榮景與錢淹膝蓋，但後續產生的問題會非常的龐大與難以收拾。

台灣腹地是這麼的狹小，要知道，即便是全台推案量最大的寶佳機構，一整年所推行的總戶數還不比對岸一個小區的總量，整體市場是天與地的差別。

而要防範避免台灣房產到最後全變成都是港人、陸人才是大宗買方的情形下，國家當然是會以國人利益做為主要考量來設定政策，這樣也是可以被理解體諒的。

回歸主軸，除了六都大城之外，新竹算是一個相當特別的例子。

竹科加持的不只是中國對高科技產業的虎視眈眈，更是在維持這個迷你小城繁榮成長的最大因素，近十年的發展也更證明了這個堅定不移的因果。

沒有竹科，就沒有現在的新竹，更沒有未來的藍圖。

所以假設台灣徹底開放外資的話，新竹所占據的外國置產額度，並不會輸給其他都市，是相當有潛力的佈局據點，不然對岸也不會有想把海底隧道設在新竹南寮的想法了。

在目前我們無論哪一個城市的海外市場，其實在成交比都僅占了非常微小的比例，非常雞肋，食之無味、棄之可惜。

你可以解讀成政府經濟鎖國是對老百姓的保護。

也可以解釋成政府擔心國人競爭力不足的考量。

也能當做成阻礙外資投入刺激循環繁榮的元凶。

每一種看法都是自由、主觀的，也都各有其利與弊，沒有絕對值，同時這也會牽扯到太多複雜的議題；政治與主權、賣國與統獨、是要為了錢還是要為了尊嚴，等等一切影響之下，何時才會有比較平衡與皆大歡喜的出路，也只能隨緣了。

**【鈔票不流動就是廢紙一張，經濟的循環起源來自於消費與投資，越廣大複雜的回流系統，刺激的效果就會越強。怕的就是因為擔憂自己沒有競爭力就害怕去挑戰，如此市場理當就會越做越小，產生惡性循環的萎縮。】**

# 預售屋的投資差異。

究竟是要買低於行情的便宜房子有賺頭？

還是要選擇高於行情的品質建案有利頭？

在不動產發展的過程中，預售市場的投資熱潮近年來逐步成熟且流行，加上房地合一稅與貸款的限制，在交屋前把房子賣掉這件事，除了投報率高之外，需要負擔額外的交易成本也大幅度降低，雖然利潤會比較少，但相對CP值是比較高的。

那麼既然預售有這種特性，時間就是你最好的籌碼。

如果你選擇的建案交屋期很長，也代表著可以給予銷售端足夠的時間去將整體個案第一手的貨量出清掉，賣得越好對持有者越有利，因為供不應求。

反之如果你買的個案交屋期很短，你就要有著長期抗戰跟交屋貸款的心理準備，因為在有限的時間裡，除非產品力的熱手度是極為樂觀，否則你將面臨與現場同時競爭的壓力，因為你的房子加上價差後不會比賣方來得便宜。

不動產投資市場的不變邏輯與原則：

A級地點，A級價格。適合長期持有。

A級品牌，A級價格。視需求看狀況。

B級地點，B級價格。適合短進短出。

套房兩房的租金投報率高於三四房。
三房市場的脫手效率與需求度最高。
大坪數的房子很難有出色的投報率。
套房與兩房的價差永遠比不上三房。
小有小滾，中有中投，大有大賺，從套房賺到兩房，從兩房升級到三房，從三房玩到店面，從店面累積到土地。
以此類推。
土地是賺巨富倍數。
店面是賺高額價差。
三房是賺增值幅度。
兩房是賺租金價值。
套房是賺置產收租。
所以不可能會有逆向的事實出現，消費者只能從中判斷出勝率比較高的產品來做投資。
房地產長期持有基本上都是穩賺不賠，只差在活錢運用的彈性跟時間與空間的投報划算程度的差別而已。
如同餐廳生意是要做高翻桌率以量取勝的經營策略。
還是要走高品質高價位以質取利的高水準上流方針。
投資者買在市場最高位階的標的，意味著就必須身擔行情領頭羊的地位，在具有高發展性的未來潛力之下，後市所帶動起來的價位行情也是相當有成長空間的。畢竟幾乎所有重劃區與重點建設的地段，歷史經驗上都是售價高再高、貴再貴，價差源源滾著來。

而若買在市場較低位階的建案，不是寶佳系列就是低價陽春首購型產品，但只要是在熱門區段範圍內，即便是邊邊角角，價錢夠低的話，就是現賺行情。利用快進快出來爭取周轉空間，這類型的房子雖然增值比不會有太極端的結論，但可以為你帶來短期收入也不失為一件好事。

品牌型的高價產品，必須得看當品牌在市場上的定位，若有絕佳與廣大的追求者，那麼這會是一種獨特案例。

因為假若品牌足以大過產品力的時候，人們願意加價的理由多半跟市場沒太大關係，但矛盾與尷尬的是，建商有這種品牌效應的時候，通常就把利潤與增值幅度都賺走了，投資客的空間就會相當有限。

預售投資買賣的最大缺點就是你的下一手買方會知道你持有的成本，換言之就是買方必須得心甘情願的給你賺價差，於此這就要建構在市場買方的熱度與買氣，當產品具有這樣高強度的需求性時，這樣合理的投資條件就成立了。

在景氣最瘋狂的那幾年，通常二手買方也是投資客，再來快速轉售，然後第三手買方也是投資者。就這樣在短短預售期僅2年左右的時間，一個標的被換約三、四次的例子滿街都是。

**【不動產穩賺不賠的關鍵是因為你不缺錢，如果你的資本有限，不足以應付長期持有支出成本的準備，那你可能會受限環境衝擊影響之下賠錢蝕本。但若非於此，會在房地產上投資吃虧失利的大多是自行功課不足與判斷眼光的問題或所信非人。】**

# 與經濟脫勾的房市。

很多人都會好奇台灣現況的一種不自然現象。
為什麼經濟明顯不好，為何股市房市看多？
也因此許多買方對這兩者的未來並不樂觀。

在過去，經濟環境的正面成長所帶來的生活百態是很紮實的，所以才有所謂的錢淹腳目的說法。

股市萬點時免不了雞犬升天，房市更不用講，企業與百姓賺得多，每個人都過得很好。

如今無論在國內與海外所呈現的經濟實體狀況，並非令人感到好過，甚至不少在社會菁英與高層的解讀之中更是哀鴻遍野，但又為何房市可以持續地熱絡成長呢？

先把收支這件事分解一下吧：

經濟面大好的情形之下，對於所有人的工作而言，所帶來的成長都是主動收入，薪水也好、獎金也好、分潤也好、股東也好，這些都是因為你有做，才有的收穫。

但經濟不好的時候，這些數字不僅停止成長，甚至大幅縮水，同樣的工時比起以往收入反而掉了幾成，也意味著大多數人的平均年收入在近年來都正在萎縮。

那麼支出呢？

我們的日常生活一直都處在通膨的狀態下，也許你有發現，但更可能你更無感。

現在的能源基本支出、家庭開銷、老與少的必要性花費、加上其他林林總總的一切所需成本，都是在增加的。

包含各種大中小企業的經營花費，也因通膨不斷加劇生存壓力。

如果你覺得沒差，來試問幾個問題：

今天的油資，跟十年前，二十年前，有差嗎？

今天的電費、電信通訊費、瓦斯費，有差嗎？

今天的學費、醫療相關費、育成費，有差嗎？

今天的裝潢、電器相關費、傢俱費，有差嗎？

今天的飲食、餐廳平均價、小吃費，有差嗎？

換句話說，經濟不好，收入少了，但生活成本卻不斷提高，兩者相減之後，你剩下的可支配資金在無形中被吃掉，幾乎存不到錢了，那麼在時間的影響之下，人們也很自然的找尋出一個答案。

「被動收入與投資」。

可是該怎麼物色一個保本又風險極低的目標呢？

股票不行、基金不行、長期不能動的錢不行、海外投資不行、外匯不行、私人企業投資不行，那麼剩下就只有不動產了，因為房子不會賠掉你的老本。

證據是什麼呢？

我們國內銀行房屋放貸總額年年成長，代表普遍消費者都不斷在買房子與購屋。

既然已經被吃掉這麼多的資金運用空間，那就想辦法把這失去的補回來吧。於是房地產就不再只是一個純粹住宅需求了，而是置產工具。

近來有太多人且目前還在急速成長著，他們要的是可以賺到價差空間的標的，要可以能夠穩定收租的產品，要能兩者兼具的功能，於此這就占掉幾乎將近3成比例的銷售量。

所以目前我們的經濟與房市，產生了嚴重成反比與脫勾的現象，除了原本的剛性需求之外，這也成為了現況行情反應落底與買盤漸漸熱鬧的原因。

大家錢越難賺，就越要從別的地方找錢。

這個目標結論必須保本，必須沒有風險，必須不會吃掉努力存下的資金，還要有穩定成長的特性與條件。好吧，不動產，唯一的途徑也是最首選的工具。

不要幻想一例一休沒有影響，不要騙自己基本開銷沒有增加，不要做夢我們生存的世界沒有越來越辛苦。

如果還在往小確幸那種不切實際的空談在放肆自己的人生競爭力，那麼這個社會M型化就會更加嚴重，因為你不能讓自己的資產邁入到另一頭而在浪費時間。當你回過頭發現這個數字遊戲為什麼越玩分母越小的時候，你才意會過來原來自己什麼房子都買不起。

**【脫勾的不是房市，而是人們的觀念，因為你看不到也感覺不到每天都在變化的環境。先知先覺者早已佈好局來因應經濟所帶來的影響。不要懷疑，他們已經先落袋為安一個波段了，也正在佈局下個階段。】**

# 寶佳有什麼不好。

每個國家、每個地區，都會有著以平價宅著稱的建設業。他們量體大，但他們便宜，也許你可以否定他們的品質價值，但永遠不可否認的是他們的價錢競爭力。

寶佳機構，全台灣推案量最大的建商，遍布每一個城市、每一個都會區，到哪裡都可以看到他們的銷售廣告，他們的建築與建案，幾個大街小巷口，你也總是能看到他們的存在。

人們看到的表面，總是著眼在每個建商、建案的缺點，那今天我們就來用一個不同的角度來看待這件事。

既然關於寶佳的負面，大家也都知曉清楚不過了，針對這點，本文也沒有再多加敘述的意義。

一個不動產市場之中，一定會有各種不同調性的產品。如同車子的品牌一樣，有高價位的雙B豪車，也有低價位的平民國產車，根據每一個消費者的需求來選擇自己的所好。

寶佳之於TOYOTA，中悅聯聚之於賓士寶馬。

各其所好，各取所需。

以一個消費立場而言，當你預算不足的時候，自然會捨去掉那高價位的選項，可你有認同這價值上的落差嗎？

你可曾接受這品牌價錢的差別所帶來的品質也不同？

你可曾要求國產車也必須要有跟進口車同等的內容？

為何TOYOTA跟寶佳都能占據高額的市場占有率，也為何他們總是可以有著便宜的價格，這都是有原因的。

以建築的角度而言，寶佳無論在成本運用概念、機構經營模式、土地佈局等等之下，因此而創造出讓首購族可以有更便宜與輕鬆的方式購屋，這還不好嗎？

舉個例子好了：

某A建商取得50萬土地來規劃的首購案售價25萬。

寶佳也取得同價之土地所規劃的建案售價是23萬。

建材差不多、社區差不多、等級差不多，請問最終的現實考量後的決定，你會買25萬的，還是23萬的呢？

這是一個賣方的實力差距，你也能當作成以量制價的層次差異程度。

對於購屋者而言，可以先求有是最重要的一件事，如果不能先擁有房子後再來思考未來的事，那麼你所抱怨的一切都不具有實質的意義。

假設你的購屋預算沒有截點，你的自備金沒有上限，其實這類客群自然會排除寶佳的建案。

但為何你會走進來看屋呢？

為什麼你又會考慮購買呢？

因為符合自己的總價、貸款、利息、付款方式、優惠等等，無論哪一項，都是跟錢有關。

也許你的TOYATA壓根就沒打算開一輩子，但你也會有那種想法是，「以後賺了錢再來換好車吧。」

寶佳產品也是這樣子的特性，所以應該站在一個中肯的角度與立場，去看待自己可以選擇的產品。

同時此建商有著強大且判斷精準的團隊，所以你也會發現到其實寶佳都占去了不少的好地點。

如果所住的環境有著極為方便的機能與增值性，誰說寶佳的房子不會賺錢呢？
首購宅、售價親民的建案，也是會有不少漲價空間的。
相對地，在北部某些區域甚至有投客專門在掃寶佳宅。
因為入手價錢基期低於行情，所以只要夠便宜，買下來就對了，當市場需求達到某種程度時，寶佳還是能夠為你賺下不少的價差。
隨著時間，建商與賣方也是在與時俱進的提升產品力，那麼寶佳，有跟著改變嗎？
近年來的推案裡，仔細做歷史比對後，會發現：
以往的口字ㄇ字建築體，現在少了。
以往的連棟式規劃結構，現在少了。
以往那些廁所不開窗的，現在少了。
以往那些較怪異的格局，現在少了。
以往那些不知名的建材，現在少了。
以往不注重的採光通風，現在少了。
以往那些很陽春的公設，現在少了。
很多時候人們習慣從無知中找尋唯一的資訊，「網路」。
在不求甚解的狀態下忽略掉很多更重要東西。
說句坦白的，寶佳跟過去比起，進步了不少。
當然只要是行之有年的建商，大多都會力爭跟上市場的需求變化提升產品的競爭力。

但不代表專注首購宅的建設業龍頭就會完全忽略這件事。
以銷售中的賣方而言，請不要逃避寶佳的品質。
而是正視自己的優勢，「我們就是比別人便宜。」
購屋預算，你也將比隔壁案更省。
寶佳有什麼不好？

**【當我們有消費需求時，預算一直以來都是最重要的事，除非你完全沒有這層考量，不然商品、產品，不都是多少成本、多少售價嗎？如果哪天你做了製造商，能設計出兩分貨卻只需要一分錢的時候，請記得通知我。】**

# 預售中的預購。

處於資訊過度蓬勃發展的時代，人們開始意識到買房子要搶「先機」的重要性。

於是近年來流行起早鳥、預購、預約等方案，然而無論是指標型的大規模建案、小品類型的個案，效果都相當的不錯。

構成良好效應前提在於：產品力、地段性、價格基礎、操作策略，當種種條件達成時，相對買方也不再被動地傻傻等待了。

說起來，這也是中國人的文化：外行人湊熱鬧、內行看門道。

想知道餐廳生意好壞、好吃與否，有人潮排隊意象即是掛保證，不想排隊出奇則走後門，於此循環。

再看瘋狂購屋的中國大陸民眾，靠關係打通關、沒人脈拼耐性，老子臉皮絕對厚，不然搶不到。

在景氣最熱絡的時間點，買房畫面如買菜，或許這讓許多剛開始接觸看屋的人們難以想像，但確實如此！

接待中心門前排個三天兩夜的等待，門開後的蜂擁而上，眼看兩旁搶購者的勢在必得與關注，也會隨波逐流的卯起來，輸人不輸陣呀。

什麼考慮、什麼回家問東問西、什麼殺不殺價、什麼建材規劃好不好，關鍵是要「買到」！

其他一切都不重要。

你可以稱之為飢餓行銷，也可以稱為市場機制，或者這就是我們的民族特性。

想得到就排隊，儘管排隊時間冗長，排得好像很後面還是要排，不管怎樣，排就對了。

透過近幾次的社會事件為例，就能理解其一二：

衛生紙之亂，僅不過是可能性的漲價使人瘋狂。

大麥克之亂，只不過是多賺一個漢堡讓人發瘋。

499之亂，一個策略行銷手段讓人癡等。

名氣遠播的不二家、很夯的一蘭，或是某些紅極一時的商家與品牌，帶動著一波波人潮，可能你會笑看這些人們的動機與行為，不可否認這都是網路資訊爆炸效應下衍生的市場變態。

為了幾張紅鈔、比他人領先搶到，甚至貪小便宜，全因為一股時代洪流創造的熱潮，多數人犧牲時間搶購排隊。

何況是幾百萬的房子，為什麼又不可以？

接收到某品牌推案消息，訊息圈都在傳播著搶買神話，每個有興趣的人都在磨刀霍霍。

某地段要開案了，想透過特殊管道與極盡人脈想收集可以領先於別人的方式購買。

這些在景氣慘澹時沒人關心它。

卻在市場熱絡時開始追逐它。

預售屋只是一個機制，預購卻是一種手法。

先卡位是一種魔力，先搶先贏是一股推動力。

它刺激了每一個想擁有的人，即便那只是一丁點的小想法，但只要看到「每個人」都有相同目標的時候。
中國人的天性就會跑出來證明什麼叫做必勝的執著。
我一定要得到它。
我就要最早買到。
我要比人先得到。
我怎樣都要買到。
沒有特殊關係、沒有管道，那就排隊，反正只要排了就有得到的機會，就排吧。
現在的買方，可以從很多方面取得以往不易入手的資訊。
在這麼透明的世界裡面，想要打傳統戰，可能會渾身傷。
在這種快速變遷的市場中，誰能掌握資訊誰就會是贏家。

**【買賣自古就是一種自主式行為，你想要所以你爭取，你不想要自然無感。所以能引導風向與掌握局勢並具有影響力的賣方，勝算就會比較大。反之，若還想好逸惡勞的守株待兔，那麼所執行的個案就難有理想成績，除非產品力夠強，否則現在的消費者永遠都比你還來得聰明。】**

# 不動產如何做雞母。

大部分人知曉的不動產如何做被動收入？普遍都是買小房子出租做房東，但同樣是「房東」，卻有各不同的妙處。

房地產具有一個特別的定義與價值，這也是全球富人幾乎都會投入也是非常熱門的資產項目之一。

除了缺點是變現需要時間外，最大的好處是全世界的金融機構與承保單位都認同它的價值。

你可以用它來借錢、抵押、房貸，甚至二胎等等，只要你擁有不動產，無論是土地、店面、辦公或住宅，不僅是買賣方市場所認定的價錢，有具權威及公認的第三方單位所鑑定的價值，才是最重要的保證。

在今天這種低利時代下，只要你收租的獲益大於支出的利息，就是賺錢。

但大部分的資金又是貸款而來，等同於將槓桿放在「用借的錢來爭取收益」，跟做生意是一樣的道理，如此投報率就成了相當重要的判斷依據。

今天你想開店，資本不夠也是用借的。

今天你想創業，資金不足也是用借的。

今天你開公司，欠缺本錢也是用借的。

只要是借貸來的，不是要分潤給股東就是要給利息，這跟買房來出租，不也一樣意思嗎？

被動收入的定義，在於你不需要花上太多時間，其投資標的或產品就能分利回來，它並不是本業或主職。而「投資」這件事，也是相當重要的。

幾乎你我所熟知的有錢人，無一不是靠這種方式來快速凝聚財富，不管你有多會賺錢，但不投資，就很難致富。

所以當不動產與投資畫上等號的時候，就會無往不利。

在以前房價趨於穩定的時候，其實收租的產品就是很單純在賺租金，至於房子本身會不會增值，不重要。

以下是不動產常見的收益方向：

套房：有專租給學生的平價套房、有普通品質的、有改建分租型的、有高品質社區型的、有多拼投資型的，其實套房的運用層面很廣，但最關鍵的還是在於自己資本與目標的方向，例如：

1. 有控制在總數100～200間的超平價套房做管理與周轉。
2. 有買老舊宅來花點成本改建成數間套房的運用及收租。
3. 有針對兼具收租與增值效應的雙邊目標來賺雙重利潤。
4. 有自買自建小地小樓做整棟套房與超長期的收租效益。

兩房：單純住家型式的方式出租，運用比較沒有那麼多元化，但套房與兩房的租金投報率都會遠高於一般三房四房，而兩房收租算是比較沒有太多複雜過程的初階入門選項，最關鍵的是貸款不會受到限制。

三房以上：一般這類型產品不會是被動收入的主流，但增值率相當高，尤以三房為市場需求的最大宗而言，脫手率高，漲價空間更可以被普遍認同與接受，自然價差幅度也就比較多。

店面與土地：是高門檻的投資產品，能否收租已不是重點，可以出租掉就當作是撿到的，無法預期有明確的收租投報效益，加上現代生意對實體店面的需求已大幅度降低，在房市上面已嚴重的供過於求。

但這兩者的資產價值卻不會因此下降，尤以土地的爆發力最為可怕，當一個區域發展到成熟的階段，假若你手上有這樣的資產，那個膨脹的程度不是只有幾倍而已。

台灣地主無本投資成長破千倍的都有。

土地與店面；門檻極高／租金投報率低／增值倍率高。

三房與四房；門檻一般／租金投報率普／增值脫手高。

套房與兩房；門檻較低／租金投報率高／增值率普通。

辦公室同套房兩房，唯一的差別是不受折舊率影響。

以下是近年流行的不動產相關收益方向：

土地的二房東：與地主長期租賃以壓低租金並且抑制未來不漲租，在將其做為營利用途的設施，例如店面、停車場、洗車場、廠房、衛星工廠、複合性收租用途等。

建物的二房東：與屋主長期租賃某個空間，如透天的某個樓層、辦公樓的某個區域、牆面或者加蓋空間，將其改成廣告看板、會議室、講座教室、多功能空間或其他複合性收租用途。

通常若是做為帶團集資者，還可以兼賺管理費用與代租報酬，也可在跟開發方額外再收取仲介服務費或價差與廠商回佣。

房地產可以用做利益用途的範圍廣大，隨著不同的市場需求，就有人可以從中發展出不一樣的被動收入型態。

同樣都是作為雞母，槓桿用得越大，投報比則越高。
市場機制總是有買有賣才會成立。
租賃行情也是有租有用才會成形。
但是做房東，也沒有那麼容易，要應付不同種類的房客，同時還要兼顧自己收租的利潤。
如果沒有循序漸進的經驗來從這領域中學得深入的技巧與眉角，可能你會覺得自己所付出的時間與心血太多，根本不划算。
所以在想要當包租公婆之前，審時度勢是很重要的，想要賺得多又想要省麻煩，任何投資都沒那種好事。
做所有的投入決定之前，先準備好自己應有的態度與心理準備，如此就更能事半功倍。
而且最好是借力使力，切莫輕易取信帶團課程者，一個好的投資者是要靠自己做好功課與研究的，若一知半解就這樣執行下去，將資金交到他人手上，那會是極大的風險。

**【小有小投，小投有小益，小益有時間可累積。大有大投，大投有大利，暴利是以時間與耐性去供養起來的。無論大小，不動產都還是兼具基本的價值，穩定且低風險，穩賺且高投報。只要你沒缺錢，就不會是輸家。】**

# 房價必跌真相？

幾個常見又最容易被人做文章的空頭話題：

1. 台灣人生子速度遠不及蓋房供給量。
2. 以點燈率看空屋率。
3. 房價所得比例太高。
4. 首購人口逐年降低。
5. 大量興建社會住宅。
6. 資產稅金逐步攀高。

市場分析分兩種，一個是貼近第一線的務實派，另一個則是紙上談兵的理論派。

房市，不可能永遠上漲，也不可能永遠下跌。

股市，不可能永遠下跌，也不可能永遠上漲。

唯一影響這兩者價錢的都是「經濟」。

其他的理由說實在的，並不會是影響市場價錢的關鍵。

你不買房子，不代表沒人買。

你不買股票，不代表沒人買。

有人說，那些超跑這麼貴，沒人買得起所以必定降價。

但事實，那些古董這麼貴，只因為都有屬於它的市場。

房子也是同樣的道理。

那麼用市場角度來解析這些理論上的疑慮吧：

1. 少子化在台灣的發展過程裡是年年都存在的，可沒有一年是因此令房價下跌，也沒有哪一次的盤整或崩跌是跟這個理由有關係的。

很多人忽略了不動產的商業與資產價值，只把它視為一個需求品，有住才有價，沒住必定降。

這是錯誤的，在賣方所執行的事實當中，消費者永遠不知道彼此買房子的理由是什麼，也不了解這些人們的背景。

但如果你都是用自己的角度來看世界，那這個市場比你想像中的還要廣又深遠。

加上房產又是具有第三方認定超低風險的特性，銀行及其金融體系最愛的商品，光這一點，就足以超越並支撐少子化所帶來的市場負面影響。

想想你的錢都會放在哪裡？

想想那些錢他們都用在哪？

想想那些錢最後都存在哪？

沒錯，銀行用你的錢，拿去借給人買房子，再用房子抵押價值，等同你的錢都在不動產上面。

所有人的錢，幾乎都在不動產上面。

除非你的錢都不存到銀行也不借貸。

2. 點燈率又能如何證明空屋有多少呢？

而空屋率又如何能證明買賣屋量呢？

試問你會在每天同一時段固定開燈嗎？

試問你投資的房子沒有人住會開燈嗎？

試問你出租的房客會一直都開著燈嗎？

請問投資置產的標的算在空屋率內嗎？

請問你租賃用的房子該算空屋率內嗎？

請問你給親友住的資產算空屋率內嗎？

用點燈率看空屋量是極其不合乎邏輯的看法。

用空屋率來看待房市與價錢是不貼近市場的說法。

3. 每個國家的房價所得比都在往上走，為何房價還是不跌呢？

不動產是資本主義的象徵，當愈來愈富裕的時候，房地產就成了富人們喜愛投資與關注的目標，這個現象越趨明顯也就會呈現越大的貧富差距，同時又能槓桿化、低風險的來不斷擴張自己的資產實力。

所以在整體結論就變成了「你不理房，財不理你。」的現實環境，你的所得越少，就越應該要買房。

反之若完全僅靠儲蓄，你的財富累積效率永遠追不上房價與有買房的人。

4. 首購人口比是一股能量，它不會年年表現，有高也有低。

它會因為購屋者的信心有連結性的起伏，當環境悲觀的時候，就會令許多購屋者打消念頭，一般人是不會有危機入市的勇氣。

當然在景氣回穩與整體經濟平穩的狀態下，積累已久的首購能量就會在當時期爆發出來，換言之，假若時機越好的時間點，首購人口比例也會上升，當時機越疲軟的時候，就會下降。

例如明年再來看待今年首購人口比的數據就肯定比去年還要高。

5. 興建社會住宅只是治標不治本，可以有投機投資空間的縫隙，依然還是會被有心人士刻意炒作的。

若要以此來慰藉無殼族與其同溫層的心理，其實他們還是沒有屬於自己的房，也會因此間接損失自己人生資產成長的機會。

所以你很可能就一直住在「社會宅」內，沒有換屋的籌碼，那就會是你「永遠」的家。你的理想與欲望，會越來越貧瘠，如同香港的公共屋邨。

6. 為了滿足民粹的打房期待，近年稅改增加許多不動產與建設端相關的稅制，但房價還是不降，於是就提出了想要增加更多的稅金，這是惡性循環與本末倒置。

在理論派的眼裡就是，加稅不降價就是加不夠多，好似打了孩子成績還不好就是打得不夠兇，卻失去了應該要更精細了解問題核心的解決重點與方案。

總言之，現行房價不斷上漲的其中一個主因就是稅金成本，建設業所增加的額外比例，當然加在售價中。

售屋者要加劇的稅，也是補到房價讓買方去吸收。

為什麼行情就是如此？因為沒有人會願意做賠錢的事情與生意，要加稅，只是讓真正的自住客更痛苦而已。

因為這一切全都是轉嫁在你所購買的房價裡面去。

實際與理論本來就不在一個天秤之中。

前者以最直接的經驗與實戰來做出市場結論，後者是以間接的數據與想像或主觀邏輯來思考市場狀況。

兩者之間的本質與定義是極端也是天地之差。

【如果要以理論化的東西當做參考絕對，那麼你會與事實脱節還不知道為什麼。其實這損失不是別人，只是把自己歸類成為M型的哪一端，沒有人可以阻止你的成與敗，富與窮，只有你的觀念與想法可以證明自己的未來。】

# 椰林神話·竹北。

就在昨日的108.10.19，新竹縣竹北市椰林建設科大案開賣的30小時前，來了第一組排隊的買方，而後至接待中心正式開門時總共排了超過260個人，超過250公尺長長的人龍。

有椅子、有夜燈、有帳篷，該準備長期抗戰的工具應有盡有，在這整整一日多裡的跨夜等待，每個人都以勢在必得的決心在堅持著。

椰林建設——一個被流傳著CP值超級高，一個被竹科人頌揚著買到必賺的口碑，在公司內網或外界論壇，都被這個市場所高度關注著。

內行人看門道，外行人看熱鬧，敲邊鼓的不少，酸言嘲諷的更不在話下。

這個事件，可以見曉這個市場與社會怎麼了。

有人說：這些人排隊就是要賺快錢，全部都是投資客。

但事實是椰林個案簽約必需與訂單同名，否則視同放棄退戶，任何理由都不接受，意味著不得轉讓賣紅單。

同時需要綁一年後才可換約，無論是更名或買賣。

因此要投資椰林建案，必需要有長期閒置的打算。

有人說：這些人排隊都是建商賣方所安排的。

這些人潮裡面沒有半個人跟椰林有關係，而它們的建案造成排隊搶購早已行之有年，只是這次比較誇張與創下紀錄。

針對這事，椰林一向不干涉也不驅離更不做管理或服務，對賣方來說，沒人叫你來排隊，這些都是個人自主意願。

有人說：這些反應都是賣方刻意炒作的。

不可諱言的在新竹竹北椰林對買方具有高度的影響力，你知我知、仲介知、仲人知，每一個想從此分杯羹的人，都會垂涎其中的利益機會。的確，建設方並無對旗下個案做特別的炒作或廣告，每一次推案的熱浪完全是由自然市場機制所衍伸出來的反應。

在事實之中：

有人花小錢請打工代排沒錯，但那還是算他的排隊名額。

這些苦排的客群需求動機之中，有高達八成以上自住客。

也有不少人連賣什麼東西都不知道也來湊熱鬧跟排整晚。

若預訂戶別都完銷了，還有碰運氣的機會來等退戶順位。

現況是一個經濟局勢與房市嚴重脫勾的環境。

現況是一個房屋剛性需求大爆發的落底效應。

椰林為何會產生這麼大的渲染？

1. 它們距離上次推案期已有大段時間。
2. 前幾波個案都已轉售掉有閒置資金。

3. 竹北新屋中古房價基期沒有選擇性。
4. 開案時間不斷延遲的醞釀週期爆發。
5. 謠言資訊與相關風聲不斷放大討論。
6. 媒體仲介只要蹭其熱度就會被關注。
7. 想走內銷案盤後門的投客暗潮洶湧。
8. 今年來購屋需求量比往年熱絡太多。
9. 幾乎在這市場的每個買方都在等待。
10. 漣漪效應層層擴張放大後的結論。

有人說：椰林到底有沒有案前買盤？

在過往的個案經驗裡面，即便你是排第一個進場的人，那些好戶別好樓層都賣掉了，那這答案就很明顯了吧。

那這次為何可以讓排隊的人完全沒有設限的選購呢。

因為反應太過誇張的投資客買盤已讓狀況完全失控。

其實椰林不需要開門就可以完銷了，但若這麼做，將大幅對建商品牌不利，甚至造成嚴重的糾紛與抗議，抱怨沸騰到頂點的不公平會讓椰林後面的建案風險增加。

在投資客與自住客的選擇，無論賣給誰，都是秒殺。

忽略投資客，可以維護品牌經營。

忽略自住客，支持粉絲就會渙散。

必須得承認，房市的確回穩上行，不然怎麼解釋這個事實？

必須得承認，投資客願意大步置產進場，不然不會搞成這樣。

必需要承認，自住客願意耗費精神排隊，不然也不會上新聞。

椰林雖然是一個區域市場中的特殊案例，也是奇蹟。

但如果沒有令人有穩定的信心跟氛圍，也不至如此。

不看好的人依然不會看好，不願意承認的人依然也不會去面對它，唯一不同的是，現在會實際付出行動的人變多了，也逐漸樂觀去看待買房這件事。

感謝這個神話見證了市場的數據，也該給予這些堅持的人鼓勵，因為你們都是為了自己想要的房子而心甘情願付出去努力的人，比起鍵盤酸民的謾罵，最少你們選擇了自行親身去體會這事件的真偽虛實。即便產品或售價並非那麼的親民可及，但最起碼賺到了經驗，下一次椰林在開案時，你們將擁有比別人更多的先機。

**【客觀，是建立在所發生的真實上。主觀，是沒有太多根據的自我堅持。兩者之間的差異，在於自己是否要貼近市場，或是選擇排斥的拒絕與反對。房市非政治，買房非立場。跟風不見得是壞事，但卻是台灣的常態，也是助長熱潮的火焰之油。】**

## 囤房稅。

前幾年的房地合一稅造成市場軒然大波，也實質產生了很大的影響。

打壓不動產過度投資與投機的稅制或政策，的確有助於滅火，但滅過頭又會造成不良影響，點到為止又無法達成目的。很多時候這些舉止目標並不是為了要讓房價下跌，而是希望房市可以健全發展，太瘋狂的炒作與買空賣空，會讓泡沫膨脹太大，以至金融單位無法負荷，最終崩盤，若是那種情況發生時再來補救就太晚了。

消費者誤會也搞錯了一件事，稅改並不是為了要讓你買得起房子而設計的，也不是為了無殼鍋牛族來考量的，永遠都不要期待政府會為了你的購屋預算來付出實際行動，那是不可能會實現的夢想。

為什麼需要打破你的觀念呢，因為那是不切實際的。

來看看現實世界是什麼樣子：

1. 政商共利圈在不動產之中有著你無法想像的龐大資產規模在裡面，首購族的怨念無法與這利益角逐。

2. 政府所要保障的是不動產長期發展的健全市場體制，不是保障國家人民中的每個人都可以買得起房。

3. 比起無力購屋者的社會小眾人口，維護金融與經濟運行的正常更為重要，誰都不希望惡性通膨發生。
4. 承受不動產價值的最大宗單位者是銀行，保護國庫與這些房貸總額的平衡比你買得起房子更為重要。
5. 社會上的財富並不會因為這些政策或稅制就會重新分配，富者恆富建立在同一個方向的關係共利圈。
6. 房市的穩定平衡，不代表一定會往漲或跌的方向發生，可能漲多拉回，可能跌深回穩，但都是市場機制來決定，過熱的炒作空間拉回還不買，到緩漲就更難買。
7. 不動產崩盤所帶來的整體負面影響頗大，並非是滿足無殼族的需求就能解決，政府深知但不會做給你看，也不會說給你聽，問題一直存在就能成為操作議題。
8. 合理的稅收在房市穩定的狀況下都由自住消費者買單，不合理的稅收也永遠不會浮上檯面，在房市岌岌可危的時候更不會貿然徒增風險去挑戰碰觸市場底線。
9. 打壓投資與投機客的瘋狂可以有效抑制房價的持續膨脹，但最終還是會拉回到一個剛性需求自住客可以接受的價格行情進而買房，不會無止盡的殺頭再殺頭。
10. 當無殼族失去對政府期待的時候，最後還是得面臨一個回到自身上的問題與抉擇，那就是你到底要不要買房子，說穿了那些政策都跟自住客無關也沒影響。

試想房地合一稅的限制，很明顯是將重點放在短期投資目標的族群，政府要你房子想賣可以，但請放至少兩年以上，如此可以過濾掉前幾年那些短進快出與過度槓桿操作的人，也讓不動產能更健康與合理的發展。但也因為實施幾年過去至今，大家也發現到為什麼即便這樣的方式，還是沒法讓房價掉？因為冷凍幾年後的房市，現在逐漸爆發出來購屋，畢竟觀望數年還是如此，只好接受事實，在不買就更貴，在不買就越難挑選到自己喜愛的物件。

當市場經過陣痛後的修正，爾後落底，再來回穩，慢慢變貴。這個狀況我們統稱為「緩漲」，緩慢且穩定的步步站上行情，雖然沒有很漂亮的投報率，但價錢穩健，想再跌幾乎只有黑天鵝的大風波才有機會。

無殼族與不願購屋的人及仇富者，無法接受這個不滿意的發展事實，也許是自己不想儲蓄買房，也許真的再努力都無法買房。於此希望有更打擊房市的思維出現，就是現今頗受爭議的囤房稅，而最近也被財政部駁回。的確這個稅制充滿了許多瑕疵與矛盾，也不符合經濟循環的原則跟理論，更不是那些共利圈與權力者所想看到的，有這樣的結果是再正常不過，但你知道嗎？

對於整個國家與社會及經濟面整體來看待的話。

其實無力購屋者在這比例之中真的很小眾，即使政府有心要為了你們做打算，但也得要自己有積極態度。不然，無論誰怎麼做，無論市場怎麼走，你還是很難可以買到喜歡的房子。

**【有資產者的房子會越來越多，稅會痛，但不會死。無資產者還是沒有房子，雖然不用繳稅，也不會死，但就是會一直這樣窮下去或被比下去罷了。】**

# 如何敏感於房市。

人人都知道新建案只有兩種模式，預售與成屋。但在市場上，這兩者之間的推案比例與量能，是攸關於房市景氣的考量指標之一。

因為對賣方而言，要決定用什麼方式來銷售產品，是以環境氛圍做根據來設定的。

除此之外，整體數據的變化需注意以下官方單位的數字：

全國銀行房貸總額：無論是自住或投資客，買房者幾乎都會貸款，如果這個數字不斷在上升，你就不需要去懷疑沒人在買房，假若市場是冷淡的，這個統計不會正向上升，換言之，買方越熱絡，此金額就會越大。

建築貸款餘額：買方需要借錢買房，賣方當然也是在借錢蓋房，當景氣好時，代表市場需求量大，於此建商當然不會放過搶市的機會，有的拼命蓋，有的盡量蓋，無論如何，這個數字也代表了賣方的信心指數。

房貸餘額年增率：假若市場不好，銀行放出去的款少，消費者還的錢多，相抵之後餘額年增率就會下降。反之市場越好，借款需求量大，累積速度遠高於本金的還款效率，此數據就會上升，這也表示了買方信心。

建商周轉金貸款增加：不動產賣方永遠都是在使用槓桿原理在投資與做生意，當此貸款金額是在增加的時候，代表建商願意用更高風險的經營方式來求短期規模擴張，如果市場熱度不夠，就沒有願意冒險的賣方。

土建融餘額增加：承上所細分下來象徵房市上游貸款的大宗借款項目，在景氣低迷的時間點，建設公司是不太願意加大購買土地的規模，於此土建融餘額如同房貸餘額一樣，只會年減不會年增，相對近年各建商在全台大量買地的狀況下，讓此數據也走向了十年新高。

不管你信不信，這些冷冰冰的數字報告，總是可以為你帶來一些訊息，即便你不想承認，但它依然是鐵錚錚的事實。

當你有買房需求而不願意買時，你會各種否定它。

當你已經有房或早已在投資時，你就存在它之中。

把這些官方資料當做一個圈圈，它是共榮且共利的存在，你是圈外人？還是圈內人呢？

發現且積極的關注它，研究它，也許你可以透析點未來的趨勢，打蛇隨棍上自然順遂。

對建商來說，推預售比成屋來得輕鬆，因為資金成本開銷較低。如果賣得好，不僅有調漲售價的空間，還能大幅度的削去庫存壓力，最完美的表現就是在交屋前後時建案完銷，同時後期已經將平均價格拉至新案行情之間，這在建商的心中是滿分的結果。

但若是成屋，賣方還需要負擔持續性的利息與稅金、雜支、折舊等等的額外預算，甚至銷況不佳隨著時間賣壓越來越大，導致新古成中古的時候，可能最終售價還不如預售期來得漂亮，成屋如果賣超過一年還未達保本水位，那都不是一個理想的表現結論。

市場邏輯是這樣：

景氣好，開了一個預售案達3成銷售量再開另外一個，以此類推，絡繹不絕，沒有定期定量的顧慮，賣得好就趕快開案來消化土地庫存量，同時再加買新的土地。

A案開預售↓銷3成↓B案開預售↓銷3成同時A案漲價後已銷5成↓C案開預售同時A案漲兩次價已近完銷，B案漲價後已銷5成↓買E案土地↓循環。

所以在這樣的過程下，上述的官方數字就會不斷成長。

全國銀行房貸總額增。

建築貸款總餘額增加。

房貸餘額年增率正數。

建商周轉金貸款增加。

土建融貸款餘額增加。

相反地，如果景氣不佳房市很不好，就會有以下狀況：

推案量極速冷卻。

市場預售屋極少。

建商不願買土地。

建案去化速度慢。

賣方庫存壓力大。

**【在市場的第一線，會因為工作的需求來耳濡目染這一切，也會有經驗累積而來的靈敏嗅覺。但若以一般的**

消費者來說，你需要的是更多證據，更多的貼近邏輯的判斷，而不是盲從於非專業人士的道聽塗說。市場並非你我或任何人說的算，要有根據，要有因果，更要有實證，如此那些自以為是的言論就沒有任何參考價值的立基點。】

參

# 買方觀念

## 消費與購屋者應持有的思考

# 不動產的信與不信。

你相信網友，卻不相信業務。
你相信名嘴，卻不相信事實。
你相信網文，卻不相信專業。
你相信風水，卻不相信格局。
你相信老師，卻不相信自己。
你相信神佛，卻不相信感覺。
你相信品牌，卻不相信價錢。
你相信坪數，卻不相信總價。
你相信機能，卻不相信單價。
你相信公平，卻不相信實登。
你相信利空，卻不相信利多。
你相信訛言，卻不相信誠懇。
你相信話術，卻不相信老實。
你相信等待，卻不相信熱銷。
你相信增值，卻不相信成本。
你相信需求，卻不相信房市。
你相信投資，卻不相信房產。
你相信屎味，卻不相信市場。

我們都會相信自己所主觀認同的，我們也都有權利去相信自己想相信的事物。
我們也都可以去對那些自己所不想面對的、所不願意認同的去否定它的一切。
又有多少人願意站在天秤的中間來選擇呢？
左邊的秤砣代表著正面，右邊的秤盤象徵著負面。
是否能帶著一種公平的客觀來看待不動產，來面對與思考著自己所尋找的家、房屋、建案。
凡事都有著一體兩面之特性，沒有絕對正與反，也沒有打鐵般的漲或跌。
當你選擇相信的那件事時，也請你想想那個因果。
網友會為你負責嗎？所述之事有其憑據嗎？
名嘴能為你背書嗎？所論之物有其客觀嗎？
網文能為你決定嗎？寫文之人有其專業嗎？
風水能為你定奪嗎？格局好壞比較重要吧？
老師知曉你需求嗎？個個都不好怎麼辦呢？
神佛能替你做主嗎？能保證遵後永不悔嗎？
品牌所換來的就是貴。
坪數大預算就是要高。
機能好單價就是不斐。
實登比你想像還公平。
利多信心總強過利空。

誠懇的人不會打誑言。
老實的心不需要話術。
房子不會永遠在等你。
成本才是增值的基礎。
沒有需求就沒有房市。
房產才是投資術王道。
市場是大眾屎味是屎。

**【只有帶著理性的眼鏡，用著正常的邏輯，憑藉平常的心情，才能充實並開心著買下你所喜愛的目標】**

# A級客。

代銷的世界中，我們是會將客戶依照誠意度分門別類的。

A客：已鎖定目標產品並精準決定，快狠準，不拘泥價錢，爽快豪氣，可遇不可求，賣方市場時滿街A級客。

B客：誠意度高，知道自己的需求，但通常成交最後關鍵都在議價過程上，也會因些許考量猶豫不決。

C客：比較常見的客層，多看少買，大多沒有很明確的目標，也會跨區、跨產品、跨預算甚至跨預售、新成屋、中古屋都看，需要很大量的耐心才有機會成交。

D客：百分百的無誠意，或是不知其目的與奇怪言行的客層，可以很莫名其妙，可以很不知所謂，也可以把你氣死，偶爾也能讓你笑死。

在第一線的眼裡，我們都希望把時間投入在成交率比較精準的客人們上面，但難的就是無法從其外表看出端倪，尤以在越艱困的環境與時機點，就越需要帶著平常心跟耐性去介紹與服務。

而今天所要論述的是，身為買方，應該抱持什麼心態在看房子。

資訊爆炸的現代，網路上總是充斥各種教學與經驗法則，但其實那並非是一個妥當且客觀的看屋乃至議價方式。

當你接觸到賣方時，整個過程結束之後你將會被定義成不同分類的客層，也就是你這位客戶的素質。

而那些莫名其妙的教學，反而會讓你成為了「C、D級客」，來換個位思考，如果你是賣房子的銷售業務，遇到這樣被俗稱芭樂客等級的奧客，你又會有多少的耐心來服務自己呢？

其實大多我們在應對誠意度較為不高的客人，只要當下有所選擇性的時候，你就是那個二話不說被過濾與被拋棄的唯一對象，買賣是現實的，有誰要無償去伺候你做大爺呢？

大家努力的工作，為的也就只是拼個那零星的成交機會。

但如果你看屋的姿態與動機太過於奇特莫名，那基本上就會是一個很尷尬的看屋過程。

依照這樣的邏輯，你想得到一個真切與滿意的服務。

首先你必須先學會如何讓自己成為是一個「A、B級客」。

你可以心誠則靈，你也可以放鬆心情。

你可以放下鄙視，你也可以卸下武裝。

你可以隨遇而安，你也可以幽默聊天。

其實大多客層的問題是在於自己的「先入為主」。

很多時候銷售不成的失敗點也在於「先入為主」。

舉幾個實例：

我只是要拿資料的。為什麼一定要給你資料呢？

我沒有時間你快點。沒時間要怎麼看或買房子？

我是幫朋友孩子看。不是你自己決定雞婆什麼？
我只要看坪數價錢。很少人會只看坪價就下手。
我不想留電話個資。那肯定只會給你陽春圖面。
既然走入了接待中心，就應該試著給彼此機會。
你不一定要決定，也不見得會硬要你買，但是最少請給予賣方一次完成介紹完流程的尊重。
正面一點來想，也許你會聽到或知道更多對你有利的訊息。
誠意度是很重要的，沒有人可以買那麼多房子，那些當下就能決定購屋的畢竟是在少數，我們買賣方不都是透過數次來的回溝通，與你對產品有著足夠的了解，才會成交的不是嗎？

**【只要可以令自己是個Ａ、Ｂ級客，那麼你肯定就能得到Ａ、Ｂ級的服務與熱情。同理反之，如果你覺得看屋過程中有不好感覺的話，那就是你已先把自己定義成為一個Ｄ級客在看房了。】**

# 鬼月買房沒有鬼。

中國人的傳統習俗，鬼月不買房。

其實多半講的是「民俗月不入厝」，意思是不入住，但要到可以搬新家之前，還有許多過程，跟買賣沒有關係。

所以只要慎選好新居遷入與交屋的時間就可以了。

購屋是需求，只是比較大的金額而已。

但除此之外，人們的需求是多而廣雜。

肚子餓，要吃飯，也是需求。

要消費，想逛街，也是需求。

生活上的所有一切，至大到小，無一不過就是這麼簡單的需求。

上班賺錢也是需求。

上學唸書也是需求。

如果說鬼月就要避諱禁忌不能買賣交易，那也不應該買菜煮飯才是。

當然很多關於自己無法掌控的婚喪喜慶、送葬生子、設立公司行號、開業宴客等等，多半大家也都希望能盡量可以避開民俗月，但真要完整地落實遵照習俗，會帶來很多現實上的麻煩，所以久而久之人們也創造出了許多技巧性的方式解決因應來令自己有感覺到已經尊重了傳統。
但會因噎廢食嗎？
難道鬼月不出門？
難道鬼月不吃飯？
難道鬼月不上班？
往往過度的迷信會有著極端的觀念與堅持，但真的會有那麼大的影響嗎？
只能說「心誠則靈」。
如果你心裡抱持著尊重，鬼月做什麼事都不會半夜敲你的門。
如果你心裡固執不做事，鬼月就是一個擺爛荒廢四週的藉口。
在房地買賣的經驗裡面，有些人希望賣方配合在簽約時間上調整，有些人希望在日期上做點更動，有些人希望在交屋安排上做避諱。
但也有少數人，會在鬼月看房卻堅持不在鬼月買房，好似在這個時間點做決定就會怎麼樣。
心吉事就自然吉。
心順事則也就順。
念不正是不是鬼月都還是歪。
心不純是不是鬼月也都是邪。
做個假設好了，如果鬼月特別便宜，你買不買？
或者你喜歡的房子，沒有可以讓你等待的時間，你買不買？

還是因為巧合剛好在這個月遇到一間特別心動的房子，你買不買？
難道你會說，沒關係我尊重傳統，貴一點沒關係。
還是要因為尊重習俗，買不到房子也沒關係。
或是要因為守舊重俗，機會讓它流逝沒關係。
這樣不全就都本末倒置了嗎？
當然也有些精明的人會逆向思考，特別挑民俗月來看房，因為他們認為這樣也許可以看到比平時更多對買房者有利的機會或條件，假若真有這樣的際遇，更是不可能會因為農曆七月而放手的。
當你害怕的時候，請想著很多人並不怕。
當你擔憂的時候，也許只有你是想太多。
買房老手會告訴你，鬼月購屋根本沒差。
經驗好手會跟你說，因鬼月不買是笨蛋。
我們尊重傳統，尊重習俗，尊重文化，但那些都是放在心裡面來去注意它。
我們不應該作繭自傳，因小失大的被無形事物框住現實事務。

**【鬼不怕沒房住但人會怕，鬼月買房沒有鬼，人永遠也都比鬼還可怕，窮鬼更是可怕。】**

# 大房小事。

嫌棄，是有籌碼的人才有資格的行為。
因為你有足夠的預算，你值得更完美的選擇。
究竟是買房事大，還是你介意的那些小細節事大？
孰輕孰重，卻也影響及誤導了許多人，尤其首購族。
臨大條馬路，嫌車流太吵。
臨百貨商圈，嫌出入人雜。
臨交通要道，嫌塞車壅擠。
臨機能核心，嫌太過熱鬧。
臨傳統市場，嫌環境髒亂。
臨公園綠地，嫌晚上恐佈。
新興重劃區，嫌治安不好。
老舊市中心，嫌市容臨亂。
例繁不及備載……
有發現嗎，真要挑剔起來，是可以沒完沒了的。
如果要找缺點，永遠都找不完，但這是大事，還是小事？
「先求有，再求好。」一直都是個比較有效率的抉擇方式與基礎，試問若你還沒擁有，有什麼好嫌的呢？
所以在業務的認知裡，所有客戶嫌惡的點，都可以用價錢來彌補，也就是說穿了，嫌那麼多不就是要殺價嗎。
你有沒有房才是大事，你要不要買房才是大事，你能不能買房才是大事吧。
在此之前的細節考量，尤以預售屋，根本不需列為思考原因，時間在走，環境會變。
然而時光流逝之後，你因為小事而沒有購屋，或沒有買那些你曾考慮過的案件，請問你還能用原價買到嗎？
請問當時你喜歡的建案還有在賣嗎？
請問當時你中意的那戶還有空著嗎？
請問當時你所看的房價數字還在嗎？
孰輕孰重，到底那一個才是最關鍵的呢？
是有房沒房，還是你有沒有滿足自己所介意的抗性？
在無數的事實案例，聽過太多客人們這樣的說詞：
「當初不知道自己在介意什麼，那時候因此沒買現在漲好多。」
「當時不懂為何非要執著那些，那時沒下手現在根本買不到。」
時間，因你的決定而成就你自己，或因你的無知而令未來的自己後悔。
除非你有足夠的籌碼，否則一般人是無法承受這樣的懊惱與結果，甚至有不少人還正在持續這樣地循環著，然後老去。
想想：
你有沒有曾經因為嫌臨路吵而不買，結果每坪漲數萬。
你有沒有曾經因為嫌商圈雜而不買，結果完全沒新案。

你有沒有曾經因為嫌會塞車而不買，結果發展更成熟。
你有沒有曾經因為嫌太熱鬧而不買，結果機能更完善。
你有沒有曾經因為嫌市場亂而不買，結果生活更方便。
你有沒有曾經因為嫌公園荒而不買，結果成知名社區。
你有沒有曾經因為嫌重劃區而不買，結果變化超級大。
你有沒有曾經因為嫌舊市區而不買，結果地點超搶手。
例繁不及備載……

現在，你應該去好好並且慎重的問問自己。
到底這些林林總總數不完的小事重要，還是，有房比較重要？
想要選擇更完美的條件，首先你要先住過，你要先嘗試過，你要先真正的擁有過，才會更清楚明瞭的知道下一間房子你要的是什麼。
每個人的生活感不同，每個人的想法與觀點也都不同，在你還沒有親身體驗以前，那些別人講講的永遠都是講講，那些自己想想的也永遠只是想想。
如果因此讓自己懊悔，那是種很可笑的愚昧。
別讓這種愚蠢困擾你，放掉那些無聊的芥蒂。

**【時間是人們最好的導師，也是最現實的鏡子，它可以教會你經驗法則，也能告訴你事實的是與非，但別為反對而反對，因為你必須客觀，首先，你有房嗎？】**

# 驗屋公司。

近年來，驗屋公司開始盛行起來，也頗具市場需求度。

這樣的單位，大家總是願意花錢來買個安心，來檢驗自己的房子有沒有瑕疵，有沒有往後住的風險，也避免未來的麻煩，就乾脆請專家來處理。

這樣的動機是可以認同的，但驗屋公司或買方，會這麼單純嗎？

在邏輯上來講，你付了錢，那麼這個服務過程，對方也必須要負上責任，同時也要展現出價值所在。

也就是「挑毛病」，如果不能給你完善的數據報告，現況風險評估，處理與解決問題建議，那又怎麼能讓你感覺這個物超所值呢。

同時大多買方在購了屋之後，都很自然的會與建商方成對立面，說實在的不懂為何要如此，但許多客戶都會的主觀認為建商全都是要便宜行事，全都要占他們便宜，全都是不負責任與現實對待，全都是要大魚吃小魚。

當然，並非所有建商都有高度的水準或其服務理念。

這是很重要的，所以為何要慎選品牌，因為有無前例可考，有沒有不好的形象與事蹟，都有可能會令爾後你的屋況處理過程發生不良的溝通與摩擦。
但在這點上，應抱持著客觀的角度看待。
在購屋時，並不會有人把請驗屋公司的預算放進去，但卻會把代收款等雜支併入在買房總價自備金之中。
意思是，這筆錢大多是額外或臨時決定要消費的。
而在這中間的插曲，多半是受已購戶群組或鄰里等建議拉攏影響。
所以往往一個很單純的過程，卻變成了複雜繁瑣如八點檔般的肥皂劇。
什麼抵制建商，什麼分派挑撥，什麼怎樣比較好的外行建議，什麼怎樣做才可保護自己權益的極端份子。
當然，不免也會有些介紹費可以賺。
你以為帶頭的人發起統籌住戶消費某家廠商，是無償的嗎？
從裝潢設計、物業管理公司、清潔與垃圾、保全警衛、冷氣家電、窗簾鐵窗、當然還有驗屋公司。
都是有介紹費的。
尤以首購族設定為主的社區，更好推廣，以致這類型的案件層出不窮，比比皆是。
而驗屋公司，是這其中最具有殺傷力的。
最容易在買賣雙方之間製造嫌隙與對立的單位，也是造成買方誤會或不當引導的最大禍首。
曾經有客戶託負於我的承諾，協助其驗屋。
但在最後卻偷偷請了驗屋公司，也說是因為群組大力推薦所以就花了這筆為數不少的費用，而後驗出的問題卻跑來詢問我的看法。
首先我表達了立場與正確的邏輯觀念：

答應協助驗屋是我個人對你的售後服務，是無償的。

既然你已付費給該單位，應該就要找那邊的人處理，因為你沒付費給我。

再來，

他們將建材分析成這麼多物質，來說明哪些對人有害，請問你吃東西的時候會把它們顯微化嗎？

你能肯定自己周遭的一切細微物質都對人體無害嗎？

最後，

驗屋公司是一個專挑毛病的單位，這也是他們的工作。

如果你是買個千億萬豪宅，我覺得合理。

但是買個幾百萬的東西有必要付個1～2％的金額來驗屋嗎？

羊毛出在羊身上，你希望建設方有完美無缺的產品，只要有足夠的成本預算，讓國產車變雙B人人都辦得到。

所以你用需求在豪宅等級的單位來勘驗首購宅，好像很矛盾吧。

所以應該好好思考一下。

為何要請驗屋公司，癥結點的理由是要挑建商毛病，還是買個保險？

為何需要額外開銷那些費用，是要花錢找麻煩，還是花的心安理得？

客觀想想，如果你的鄰居對某些事物推薦的特別熱情，那可是一點都不單純。

如果你的社區總是有某些人喜歡帶風向，且主觀又很偏頗的，那肯定有隱情。

【驗屋公司沒有不好，挑毛病就是他們的工作職責。重點是在於你需要不要特別花這個錢去挑這樣的毛病。】

# 富不在錢而在觀念。

為何富人不太在意錢有多少？

因為他們總是能知道自己的觀念價值有多少。

只要有賺錢的能力、生產的頭腦、滾錢的觀念，金錢不過就是一個數字而已，這過程也就只是個遊戲罷了。

如何致富，這是一個爛掉的議題，說了半天，會有錢的就是會有錢，沒錢的也就總是如此。

看了那麼多的成功人士的影片，讀了那麼多勵志文，說了那麼多的幹話，其實不去執行與實踐或改變，永遠都只是在紙上論劍，毫無意義。

致富不外乎三個源頭：

1. 富爸爸。
2. 創業。
3. 投資。

如果你什麼都沒有，就得要先學會存錢。

如果你還不想存錢，那就什麼都不會有。

沒有富爸爸：人們無法選擇自己的出世與背景，沒有上一代的支持與資源，這是正常不過的事。

創業難度高：人們都想自己做老闆，但失敗率這麼艱困的環境，也令不少人聞之卻步，甚至做個打工仔都還比較划算。

投資想穩賺：人們也都知道投資的重要性，但怎麼投，還是怎樣保本可以不賠錢，卻也是個難題。

也許大家都喜歡也習慣借鏡於成功人士的引經據典。

但一件事情到了不同人的手裡，卻會有完全不一樣的結果，所以從中尋覓出適合自己的方式，也相應自己的性格或慣性，會比較務實妥當。

嘗試，等同於冒險。

冒險，等同於賭博。

賭博，等同於失去。

如果沒有準備可以輸掉的籌碼，是沒有辦法去勇於開創與造新的。

可前提是這籌碼怎麼來？

一個是很會賺，另一個就是很會存。

我們永遠都不會知道那些富人是經歷過多少自己無法承受的賭注而成就的。

我們也永遠不會知道他們背後是怎樣如何努力辛苦奮鬥拼搏而來或存下的。

人們總是對財富抱以羨慕投射的眼光看待，也許嚮往，也許忌妒，但不可否認的是，我們目前尚沒有那種致富的能力。

投資有賺有賠，投資沒有穩賺。

多不勝數的例子是因想賺錢而投資，卻因投資輸了更多錢，因為投資把辛苦工作存下的錢給賭沒了。

投資不是本就該賺錢嗎，為什麼就這樣失去了？

因為觀念不對，因為心態不正。
就如同消費者總想著要如何買到最便宜的房子。
很執著最便宜，很拘泥最便宜。
但如果是股票，有辦法最便宜嗎？
能等得到買得到嗎？
你可以預知未來嗎？
都不行，可股票可能會在你買了之後跌破谷底。
更何況追高殺低的人滿街都是，陷入在取得成本的迷思之中。
什麼是投資，就是時間。
如果你追求的是零風險的回饋，就得靠時間，那投報率絕對不高。
如果你只嚮往高回收高投報的，就得靠賭博，那風險肯定非常高。
如果你想追求的是短期高投報零風險的，那是在做夢。
不動產跟股票不一樣。
也許今天你買得比人貴，但不會殺低。
也許今天你買得很便宜，但不會短賣。
前提是，你得要不缺錢用或週轉。
什麼叫存，長期不提領不使用才是存。
如果買個房子總是擔心周轉與短進短出，那很難存到錢。

在股市，無論你缺不缺錢，你都可能賠大的。
在房市，只要你不缺錢用，你都是穩賺不賠。
可能很多人對這段話感到疑惑，那麼你可以找找資料，想想思考一下，請問：
這40年來台灣有那棟房子的價值，因為時間而少去了？
這40年來台灣有那個股王的價格，到現在還屹立不搖？
這40年來台灣房市有崩盤有爆漲，結論最後是漲是跌？
股票投資的是公司，公司是人為，有巔峰但肯定也會衰弱，但可惜的是，產業經過時間淘汰後就不會再有過去的榮景。
置產投資的是土地，房子是需求，有建構成本有原物料有大宗需求面，景氣再差飯還是要吃，房子還是要買，所以時間過去之後的總值依然隨著通膨而上升。
如果你是首購族，買房子需求為主存錢為輔。
如果你是首換族，換房子需求為主置產為輔。
如果你是二換族，買房子置產為主需求為輔。
如果你是投資客，買房子賺錢為主存錢為輔。
需求等同於價值，對不動產的看法在於個人觀點與想法。
你可以否認房市，但你不能否定不動產在投資上的地位。
如果你有需求，買房。
如果你想存錢，買房。

如果你想置產，買房。
如果你想投資，買房。

**【請給我一個你不買房的理由，我可以回應你十個不該不買房的理論。】**

# 管理費的OOXX。

時常會看到許多買方在購屋前討論著管理費太貴等等的問題，這也就成了大家買房子的考慮因素之一。

其實管理費總是跟社區總戶數成正比，理論上來講越多戶數管理費單價越低，越少戶單價則越高。

但這就跟社區複雜度相連結，人們都想住單純高級的社區，然後管理費開銷很便宜，同時素質又好，可這就很難在現實中達成平衡。

在這點上面也剛好符合了消費上的基本邏輯，「便宜沒好貨。」

管理費低廉的社區通常相當龐大，客層與總價混雜，當然社區出入人口的素質就會參差不齊，管委會水平自然不會太高，但這是你要便宜的結論。

相對管理費昂貴的社區通常戶數都不會太多，產品的坪數也較為均質，自然入住人口的社會地位都不會太差，管理方式與水準要求就會別於一般大樓，但這也是高昂開銷的代價。

管理費是一個對社區運作很重要的關鍵因子，因為它是長期管銷，一個月能花數萬元跟一兩千塊的預算在比較上就是非常有差。

同時也會影響整體社區經營的多元化及豐富度。

管委會也是一個大樓最高權力的管理者，能決定關於社區的一切大小事以及軟硬體，而管理費就是活絡這些權力最大的資源。

普遍社區只是想維持基本運作就行了，反正我回了家就不太會出門，也不會用到公設，那些公領域的一切事物跟鄰居，都不關我家的事，那麼自然在這點上面就是開銷越便宜越好的思考角度。

而比較中階的社區思維就會比較生活化了，會關注家庭成員在社區內的活動依賴性，甚至自己也會重視與使用大樓的設備，這樣就會比較注重整體維持性與堪用率，自然素質結論就不會太差。

高階豪宅就是身處在另外一個世界了，有著源源不絕的費用可以多方投入，在社區內與住戶所有生活的一切，都提供著堪比五星飯店還要更細微的服務，賓至如歸般的氣派，將社區打造的比外面消費型會館還要更高級，更私人化，甚至衍伸到自家內的生活需求上。

可以檢視一下自己現在家裡住的社區看看：

你家大樓外觀的燈，是保持原設計的燈光計畫，還是為了省錢全部關掉？

你家社區的公共設施，是保有維持性的使用度，還是能不開放就不開放？

你家社區的所有園藝，是跟剛買房的DM圖一樣，還是能不打理就不打理？

你家社區的物業管理，是競爭力很低的人種還是經過挑選訓練過的專家？

你家社區的一切種種，有沒有一些很奇怪的外務配合而影響社區的案例？

你家社區所有軟硬體，經過時間之後還能歷久彌新的存在還是越來越瞎？

在近十年的銷售經驗之中，社區大樓總是有著這樣的慣性：

當時看房子都是為了這些美輪美奐的設計而購買，那些未來對生活藍圖的憧憬與美好，那種從進社區大門到回家的所有最好都能如預售資料般的忠實呈現。

可往往到了後面管委會的手中之後，卻被扼殺了這一切。

管理費與預算其實都是夠用的，但大家就愛省錢。

省下的錢又不回饋折扣到收費，房賣了又拿不回。

所以其實真的不懂那麼愛省管理費要幹嘛？

不開外觀燈，嫌浪費電，結果晚上看不到自己家那棟。

不整理園藝，整理太貴，然後社區植栽成了一片荒漠。

嚴格規範公領域冷氣，讓整個大廳動線令人只想快閃。

不開放公設也不維護整理保養，沒有人用而荒廢在那。

為了省錢不編制公共清潔人員，髒了在請單次來打掃。

大幅度拮据管理支出，相關生活需求服務全部極簡化。

為了賺錢開放外務社區廣告甚至在大廳公設出租攤販。

以前的社區，管理費的結存總是控制的剛剛好，不多也不少。

現在的社區，管理費的結存越存越誇張，省多收多又不回饋。

如果社區無法提升整體品質與水準，其實對房價也會有影響。

當未來成型的時候，你家與這棟大樓是給人什麼觀感，從進大門的那一刻起每個人的心裡都會自有定數。

是LOW，還是HIGH CLASS。

其實並不全在於建築本體的成本設定，有很大一部分是取決於管理費上。
想省，自然陽春。
要花，自然高檔。
所謂的高級住宅社區，不僅是在房價上，在社區管理也是一門很重要的功課，不然怎麼吸引好的人們或上流社會入住呢？
同理，當消費者越執著介意管理費的時候，其實你已經定義了這個社區與自己的水準。

**【管理費只要沒那麼誇張，合理行情的付出與開銷，該花的花，該用的用，那麼也會相應取回未來社區人們生活的水平。為了省而省，其實也是省去了未來社區與房子的價值罷了。】**

# 名嘴。

產官學，指的是產業界、官方政府公家單位、學術界，的綜合簡稱。

但，為何沒有「嘴」呢？

許多我們常見與熟知的人物，因其高度的知名性，統稱為名嘴，雖然總是在媒體或節目上出現，但又有多少人去研究這些他們的背景與經歷呢？

術業有專精，每一個產業生存者、企業家、公司行號，都是憑藉自己在各個領域的專業能力在努力經營著。

因為身在市場的第一線也是最直線的接觸，無論是何產品或服務，這都是戰場，只要失敗就是畢業，只要賠錢就是潦倒，這不是遊戲也不是玩玩說說的，是實戰。

如果有其相關背景出生的名嘴，那麼內容也許會有些可考性，因為秉持著曾經的專注與經驗。

但若非如此，很好奇的想瞭解，他們又是基於什麼角度來論述各種議題呢？

又怎麼能被稱為專家呢？

這些被冠上或自稱的頭銜有時看來實在可笑。

但卻有不少的信眾、跟隨者、盲從者。

產業界：能直接反應市場與經濟的術業生存專家。
官方界：政府或官方政策發展指標與數據的代表。
學術界：以學者及個人研究角度做理論上的分析。
這三者之間，是完全衝突的存在。
景氣好與壞，市場盛與衰，問誰最準？
產業市場的收入最有感，景氣熱生意好景氣差生意淡。
官方只能提供各項數據，但如何去分析它則見仁見智。
學術界是自我感覺良好，自以為是的角度去解析市場。
今天在第一線所判斷的一切，都是在賭身家。
政府官方所提供的所有統計，都是過去數字。
學者以某些主題的大表看法，都是紙上論劍。
那名嘴呢？
他們需要為自己的分析背書嗎？
他們需要為自己的言論負責嗎？
他們講錯的話，自己會損失嗎？
但若講對的話，就是一大神蹟。
這種事，人人都會做，人人也都可以做。
產業做錯說錯，輸的會是自己的一切。

官方敷衍統計，會被輿論撻伐負責任。

學者隨性報告，會使自己的名聲打折。

那名嘴呢？

反正每一年、每一個月、每一周、每時每刻，都是講著同樣的事情，遲早有天會發生，雖然過程中慢慢會有人開始清醒，但只要這天來臨且成為事實的話，「我就是神！！」

這麼偏頗又極端的立場，怎能代表客觀呢？

有黑心建商，當然也有黑心名嘴。

有良心名嘴，當然也有良心建商。

黑心名嘴會打翻一船人認為建商都是黑心。

良心建商卻不會把黑心名嘴所述當一回事。

講話不用負責任是一件既可怕又恐怖的事，而社會群眾又盲目去支持不用擔責的理論，究竟是為了挺而挺，還是具有理性與客觀的認同？

古時中國人有句智言：演戲的是瘋子，看戲的傻子。

但卻有人演，也有人看。因為有人看，也就有人演。

名嘴，就是場秀，也許是套好招的安排，也許是很自然的列論，但他們的目的都是需要觀眾，那才是他們的利益。

「不用管我講什麼，有人看，就有收視率。」

行為目標有了，那就有確切的思考方向。

收視率、知名度、曝光率，就是名嘴們的「工作」。
我才不管你聽我的有沒有損失或得惠。
我才不管你認不認同我講的所有分析。
我才不管你對我有什麼看法或認同度。
只要你看我的節目、看我的直播、看我的臉書粉專、看我寫的書，我就是有收益。
這世界沒有絕對的正面或反面。
若今天有人堅持某一方向的立場窮追猛打，請想想這樣子的背後動機基礎為何。
再假設，若台灣的房價普遍都非常便宜，那種每個人都買得起的廉價與不值錢。
「請問你還會看空頭名嘴嗎？」
所以這些人是抓住社會議題某端的群眾來當作自己主攻的客層觀眾。
瘋子秀了數來年，傻子也跟了好幾年。
請問空方講的崩盤論，實現過了嗎？
倒房論、七折再七折論、買方市場論、黑心房屋論、降價論、空屋論、恐慌論、集市基建論，不管哪一個論，有在整體市場中成為事實過嗎？
很有趣，即便如此，傻子般的信徒依然選擇繼續相信與跟進。
你知道嗎，如果沒有這個人的存在，你早就在若干年前就買房了，就有屋了。
但，你現在有房嗎？
所以很多時候這是一種人性的心理逃避效應，已經信奉了多年，自己多半也知道所造成的變相損失，但沒辦法斷尾止血，乾脆就這樣逃避到神蹟來的那一天。

繼續跟隨，繼續相信，繼續沒房，繼續魯蛇，繼續以鍵盤支持他。

**【任何人都可以成為名嘴，因為那是沒有門檻的，只要你懂點皮毛，追蹤相關新聞情事與資訊，然後敢講，臉皮夠厚，再加點口才，人人都能上主播台。然而這也是一個無本生意，穩賺不賠的工作。】**

# 預售屋・議價。

買方：

生怕自己買貴，總是想要最便宜，也會以千奇百怪的方式來殺價，如果有機會，大家都想探尋著最有效的議價方式。

幾種普遍常見的實際狀況。

我認識你們老闆／主管等等……

不用懷疑，你就是全區買最貴的那個，想要套交情之前，先想一想生意人是可以讓你攀親附貴的嗎？

因為我們有交情，就應當要給你撿便宜嗎？

別傻了，大部分主事高層更本不會記得當案價錢多少或其操作細節，給你的一口價絕對都高於現場銷售底價，那麼你好意思跟老闆殺價嗎？

網路上找尋已談過的大大：

為確保自己拿到的價錢沒有比較貴，也想知道其他了解過的人是不是有跟自己一樣的被告知訊息，交叉比對後的信任才會安心。

無論所探詢的對方有沒有買或其表達內容是否屬實，網友一句話總是勝過賣方千百句，尤其在價錢部分。

安排親友來多次看屋測試：

排除掉陌生路人，那就找熟人來直接做多重探底，看看大家所得的最終價錢與內容是否相同無異，甚至以此來詢問某些想要的樓層戶別來看賣方有沒有騙自己。

用第三方的論證來做要求：

可能是編撰出來的故事，也可能是從各種管道來尋一些可以殺價的理由。

誰誰誰有買，他買多少。

誰誰誰有講，可買多少。

誰誰誰有說，能殺多少。

在經驗上而言多半都是不可考的藉口，只是探底的手段跟測試。

無理強勢堅持自己的邏輯：

可能很多時候你覺得業務員好煩好黏。

但你不知道的是，許多買方可是比賣方還要厲害的。

臉皮極其之厚的坳、盧、纏、硬，就是為了要便宜在更便宜，甚至拿名嘴之言、報導之話等等不切實際的方法要砍價，或者完全不聽不尊重賣方的解說，只想著重於自己想買的價錢。

以一個十餘年來在現場的實戰經驗做個分享。

好客戶的定義，在於禮貌、水準、及態度。

他們會對賣方保持一定程度的尊重，不會在價錢上有過度的反應與為難，只要到達他們所預期的程度就會決定，不會為了殺價而殺，也不會砍價到場面尷尬還是要砍。

同時也會自己做一些功課與瞭解，不會用不實或奇怪的輿論來堅持，同時會真心感謝賣方的努力與付出，也總是客氣的在與業務相處跟溝通。

所以不應該拘泥在於「議價的技術或手段」。

應該著眼在自己身為消費者的水準在哪裡。

價錢比之行情，假若你對賣方所言有疑慮，應該自己要多花點時間來研究一下市場才是，如果你不能接受這種行情，就不該帶著賣方必須要配合你預算的態度來議價，那是不合理的。

而人與人之間最恐怖的就是先入為主，還沒談價之前你就認定賣方會騙你，會把你當盤子，既然你需要中間這個過程，又為何要先把能協助你的角色當敵人呢？

不見得每個賣方都是健康正派的，但如果你看屋的經驗夠豐富，這應該在現場的第一直覺都會看得出來。

但別誤入一些以偏概全的案例去放大整個市場的業務與代銷都是在坑你，這樣買房子是不會開心的。

然而最後也最重要的一件事。

誠意，賣方最討厭聽到的一句話是「可以就賣不行我就走」。或是「等你這價錢可以賣再通知我」。

既然這麼沒誠意，就算可以賣也很難再進一步下去。

講難聽點，便宜的價錢是不缺買方的。

無論是購買何種產品，消費者不是老大。

不買不賣才最大，哪有誰是老大的道理。

所以想要便宜，想要有感的折扣，請你拿出誠意。

沒有誠意，天王老子教你的各種手段都不會有用。

【人人都想買得俗又大碗，但價錢的接受度見仁見智，即便你已經覺得很划算了，可還是會有人嫌貴。不知足的人到處都是，而被賣方貼標籤的買家也到處都是，如果想得到自己滿意的結論，不管是買方賣方，都是需要付出雙向的尊重與態度以及誠意。】

# 業務的基礎性質根源。

很多人在看屋時難免都有過不好的經驗，這種感受都來自於第一線的銷售業務所散發帶來的。

因此有了這樣的疑惑：

為什麼賣房子的都這麼不老實。

為什麼賣房子的都這樣愛說謊。

為什麼賣房子的都很喜歡演戲。

為什麼賣房子的態度都很現實。

其實業務這兩個字的基礎是建立在人性，買賣行為的立場不僅不在一個平衡點上，還是對立的。

加上業務工作性質的對象都是人，在人跟人之間有太多無數的組合，很難可以去適應每一個消費者。

如同有時你就是覺得這個人好相處，有時你就是很討厭這個人，沒有理由，也沒有原因。

也許個性、也許成長環境、也許年紀歷練、都會使人們成長、成熟，但也因此令各種不同的陌生接觸進而激出不一樣的火花。

常常發生這樣的故事：

某A覺得這個業務很不錯，於是就介紹給同樣有需求的朋友

B，結果事後這個B卻來抱怨A的認知有問題，因為他非常不滿意這個業務的服務與態度。

所以呢，人與人之間的契合度，也是另外一種境界的業務深度，而這種工作，通常也都是師傅帶進門，修行在個人，因此結論出各種水準參差不齊的銷售人員。

做得久，不見得做得好。

做得好，不見得做得巧。

做得巧，不見得做得久。

那麼在交易上的人性是什麼：

今天你想買顆瓜，問老王，它甜嗎？

有哪一個人會說不甜呢？

但瓜沒開過，他又怎麼知道甜不甜，那這樣算不老實還是說謊呢？

但如果老王說自己的瓜不甜，你還會買嗎？

業務它就是份工作，是份收入，是個職業。

我們目的就是成交，是賺業績，是要成果。

你也不能說業務行為就必須得如此，只是大部分的情況下就是如此。

當我們在訂制行銷策略的時候，全部都是以人性理論做為根基發展而來的，包含你看到的所有廣告，包含你會受到吸引的所有文字與內容。

回到業務本身上面，銷售要懂得自行促銷，也要懂得包裝一切，有些人的涵養層次高，可以給你很好的服務體驗。

但不代表所有人都有這能力，也不代表所有人都不及格。碰到一個你喜歡的業務是可遇不可求的，既讓你感覺老實，即不演戲做作，又誠懇，且值得相信與託付。這是個相當難得的體驗跟際遇。

而在代銷接待中心的現場，藏樓層或對其戶別與車位的操作，我們簡稱銷控或鎖戶，這個權力並不在業務手上，所以當你發現有此狀況的時候，其實並非業務的意願或問題。這是整體銷售策略的定制與設計，皆有其原因及目的的。

但並不是所有的建案都適用，當景氣越好時，這種模式就會越多，可時機不好時，賣方想趕快衝銷量都顯得心驚膽跳跟吃力了，哪有籌碼空間來做銷控呢，能賣就趕快賣。

因案而異，因時空背景而異，也因操作的公司文化與習慣而異。但跟業務員本身是沒有任何關係的，頂多只是以個人話術來試圖引導買方的選擇性罷了。

**【老實可以得到客戶的欣賞與認同，但多半得不到業績。演戲與話術也許讓買方反感，但用得好卻總是可以甘之如飴。很多時候買賣雙方只是在拉鋸彼此之間的距離與關係而已，當賣方做出一切的努力，即便你不喜歡或感覺不好，但他其實只是想把房子售出而已，不過是技巧拙劣與觀念態度有待加強，真正的高手是不會讓客戶找出服務與銷售瑕疵的。】**

# 交通建設・多多益善。

交通的四通八達對人們的生活來說一直都是非常重要的事，也是直接決定了地段好壞的關鍵。

沒有好的通路，就不能算是個好地段，大家普遍可以認同的好位置，就是它可以省下你我很多的時間。

無論是通勤上班、外地出遊、家人接送、每一天與我們息息相關的一切，也都代表著人類對於便利性的渴望有多高。

在城市的發展過程，人都是隨著交通建設而居，所有的商業與機能，從這些設施中發展延伸出各種集市效應，一個可以吸引人潮的聚點，一個人來人往的必經之道。

久而久之，就成了不動產發展與買方選擇很重要的考量之一。

以前，火車站是各大城市的主商圈。

而後，轉運站是延伸而至的副商圈。

現在，捷運站是大家生活的核心圈。

以土地的角度來說，臨路面的多寡也決定了其價值優劣。

因為動線，也因為路面保有了基本棟距，也因出入便利。

再次延伸出去的道路連接，能幾分鐘上國道、高鐵站、捷運站、客運站、火車站、高架道路、快速道路，都會成為建商購地關注焦點，當然也是消費者是否買單的重點。

隨著時間的發展，也隨人口的成長，車流量年年的增加，我們的城市越來越擁擠，此時在都市計劃的設定之下，必須將未來的可能性也要考量在其中。

於此人們所生活的城市越來越方便，而交通建設也就跟著豐富，這些環環相扣的關聯性延伸再發展就越趨成熟。

有了高鐵，大家就想著如何將動線與高鐵站連結。

有了捷運，大家就思考如何將交通與機場做聯繫。

再配合著都市擴大的計畫，將可建築用地從舊市區中進行擴張，在規劃許多環狀線把原本蛋白區跟交通不便的地方串連起來，就成了今天這樣的局勢。

條條道路通羅馬，這句話是很重要的。

路必須要通，動線必須要打開，當我們都使用到的時候，漸漸就會依賴它，習慣了之後就會認同，進而就令房價上漲。

如此邏輯也是時間所佐證的事實，因此只要是交通建設的立基優勢之下，房市幾乎都是持正面看待的。

想想當初高鐵還在審議時，面臨了多少的負面輿論壓力，有無數不看好認為這是一個浪費資源的計畫。

在那個時間點，高鐵特區這件事還不被市場所認定看好，直到真正通車之後的數年，大家才親身體會到高鐵的方便，也越來越依賴它的存在，如此之後才有所謂的高鐵行情。

雖然許多時候這些交通計畫最終都淪為變成地價上漲的元兇，但不可否認它的功效也是變相在稀釋首購族的買房成本。

當你要選擇一個已經相當成熟的地區，房價相當高，即便離自己的各種生活圈都非常近，但最終無可奈何之下，只好隨交通線的擴張來尋求新的伊甸園。

而相同此動機的買方也就越來越多，慢慢地這種形式也逐漸讓一個重劃區從無到有一塊一塊的遍地開花，各個衛星城市也就這麼誕生了。

甚至因為這樣也讓不同商業行為的商家如雨後春筍般來佈局新市場，不僅連鎖加盟店越來越多，品牌也越來越多元。

想當初的竹北，也是這麼來的。

每一個現在知名的推案戰場，最當初也是這樣走來的。

先有交通，後有土地，在有開發，最後成型。

無論是何種交通建設，它們都是發展之母。

為什麼長久的捷運施工黑暗期可以令人們忍受，因為通車之後的爆發效益是每一個人都可從台灣經驗上有目共睹。

更讓人期待的，無非是房價的成長增值空間。

**【不需要對交通建設抱持懷疑的態度，只要依賴的人多，只要流量夠大，只要需求面是存在的，那麼房價上漲只是時間的問題。所有的供給與需求，都是創造在使用量上面，當這比例遠遠超過現況所擁有的時候，雖然它會塞車，但價值也隨之上漲了。】**

# 投資客沒有毒。

投資客，一個尷尬的名詞。

在現代M型化如此極端的社會之中，自住客都對投資客感到非常厭惡，認為是造成自己購屋負擔壓力劇增的元凶。

也許是一種仇富，或許是一種排富。

仇恨富有的人，還是排斥自己致富。

我們無法干涉每個人的想法與觀感，那都是自己的選擇與決定，但在你忿恨不平的時候，也許該換個角度思考一下。

請問如果有機會的話，你希望自己有錢嗎？

若你能預知樂透號碼，你會不會買一張呢？

這是個很現實的問題，如果你是這麼討厭有錢人的話，合理化你也應該要討厭「錢」，這是仇富的資格，也是排富的本事，因為你夠清高，因為你是一股清流。

買房子是幾乎人人都會必經的過程，如同結婚生子一樣平凡無奇，但必須要想的是，投資客難道天生就會投資嗎？

投資客是原本就一蹴即成的嗎？

投資客都沒有最初的一開始嗎？

沒錯，所有投資客都是從自住先開始的。

有些是本來就打著投資主意與動機購買。

但更多是住著住著就被動變成投資作用。

因為你住的房子增值了，那麼在轉售的過程中，你想要換得更大、更好，而中間得來的價差，這不也是投資獲利嗎？

在我們第一線所接觸的客戶總量裡面，這個比例是非常高的，而當嚐過甜頭之後，自然就會想把腦筋打在複數與複利成長來計算，把多餘的錢或可動用的資金換成資產。

那麼問題來了，是否這些抱怨者都沒有不動產過呢？

這個答案的結果比例是相當高的。

如果你也曾經享受過資產的膨脹，如果你有買過房子而後賺過價差，如果你也遇過仲介主動上門加價拜託你出售的經驗，這些種種的假設都必須要有個立基點，就是你要先有屋有房。

那麼因為你都沒有過，所以你抱怨房價高。

也因不求甚解其原因，所以你討厭投資客。

也許你也想過買房子，因反對而反對作罷。

投資客沒有毒，從頭到尾帶著毒性的都是自己的思想，或是自以為的認知，它讓你慢性中毒，中了一輩子都很難跨出那一步的毒。

做一個簡單的表格，一邊是有買房的你，另一邊是沒買房的你，這張表呈現的是在平行時空下做不同決定的自己。

買房的你將所有收支紀錄下來，假設十年，看看它幫你存下多少錢，在做個功課，查找十年前你可能會考慮的標的價格，在看一下它現在多少行情，把價差也列入進去統計自己的總資產。

沒買房的你就是現況，將自己大致上每年可支配的資金累積下來，算算十年後，你能積蓄多少。

前者是M型化的另外一頭，就是你討厭與排斥的那一邊富者恆富。

後者是現在的自己，死不買房跟找足藉口的你，也是M型反向的那一頭，窮者恆窮。

最後你會發現那個最遙遠的距離並不是財產，而是過去自己的觀念，但你還有一個自由，就是透過任何方式來埋怨與反對那些購屋者兼投資者，因為如今的你就是因此認為自己買不起房子全都是他們害的。

其實不然，所有的一切，現在的決定能左右未來的你，過去的選擇造就現在的自己。

金錢與財富，對大部份的人而言是有限的，重點是你怎麼去運用，有人可以把它放大十倍百倍，但更多人是把它縮水無數倍。

**【買房這件事很健康，買房的人也都沒有毒，當然投資與否也是市場機制來決定的，是經濟景氣環境，也是人性的基本渴望。如果你不愛錢，才有資格仇富，如果你不需要錢，才有本事排富，如果以上皆非，那麼有毒的是你。】**

# 為什麼要買房。

年輕時，買房是需求，因為要住。
中年時，換房是必要，因為要大。
老年時，置產是必須，因為退休。
一般正常人的一生過程，起初都是因為要有自己可以住的第一間房是主動機，其他的事情，並不會想太多。
十年過去，從單身到攜伴，從情侶到結婚，從結縭到生子，這個十年對很多人來講會有許多的人生變化。
有的人是30歲，有的人是35歲，有的人是40歲。
但無論如何，原本所考量的購屋空間，已經嚴重不足了。
所以中年時，許多有房者的打算就偏向換屋或換地點。
從套房換兩房、從兩房換三房、從三房換四房，不管是首次換屋還是二次換屋，都是為了更完善家庭的生活空間結構。
再過了十年，也慢慢步入近退休的年紀或計畫。
那麼沒有主動職業的薪水收入，該怎麼辦呢？
此時目標就著重在如何創造穩定的被動收入。
也許有不少人誤解了「人與房」的定義，而把焦點全放在價錢上，或者把時間浪費在等待上，把希望跟期待都建立在某一天可能會崩盤的房市。

人房之間的關係是相當微妙的，是互相扶持，互相依賴，也是彼此互相成長。

為什麼要買房，理由太多了，但最關鍵也最重要的原因是人不能沒有房。

試問，當你沒房時，你的另一半，你的婆家，你的岳母會怎麼看你？

試問，當你沒房時，你的長輩與父母親會怎樣擔心你，賴家王老五？

試問，當你沒房時，總是沒有屬於自己的空間不會很多事都很麻煩？

試問，當你沒房時，你要如何保全給家人完善足夠的生活居家空間？

試問，當你沒房時，你要怎麼規劃與進階自己每個十年的人生過程？

人在世上，時間在走，我們都會老去。

如果你沒有房，又該怎麼安身立命呢？

如果在20歲時首購，相信在30歲時會有足夠籌碼換屋。

如果在30歲時首換，相信在40歲時會更有本換更大的。

如果在40歲時二換，相信在50歲時會有退休概念理財。

如果在50歲時置產，相信在60歲時會有不少租金養老。

而你把這個時間因為許多不切實際的理由延遲了，你覺得會對你的一生有幫助嗎？

會對你的家人有幫助嗎？

與其思考為什麼要購屋，不如仔細衡量為什麼不買房？

做個實例：

20歲時的套房，十年幫你存下了百萬，又增值百萬，此時你就有了兩三百萬的自備資金。

30歲時的三房，十年幫你存下了數百萬，又增值數百萬，此時就有了五六百萬的自備金。

40歲時的四房，十年幫你存下了近千萬，又增值數百萬，此時就有了近千萬的的自備金。

這20年，又有多少人可以在一般工作之中自律存下千萬現金呢？

50歲時，你的購屋經驗已經可以完整告訴你資產所帶來的好處，也許你早就在投資，也許你現在才開始投資。

但這膨脹的資產，其實就是你十年後的退休養老金。

有發現這個案例的重點嗎。

你幾歲時開始買第一屋？

是否越早買，就越有利？

沒錯，買房就是搶時間。

很妙的是，為什麼都以十年做一個階段？

因為人生平均大約十年做一個轉換期，除此之外，雖然現行貸款制度都是20年到30年的期限，但有將近70%的人們在實際還款效率上會壓縮到十年左右就幾乎還完了。

越早清償，利息就越省。

人有壓力，就會加速還。

所以十年前後，有房沒房的人生是天差地別。

一個是很輕鬆的過生活，但整天喊著房價跌。

一個是先蹲後跳的忍耐，最後換來游刃有餘。

這個世界是現實的，做什麼事都要錢，要預算。

沒有足夠的資金，你想做的事，你的理想，你的抱負，你的欲望，都難以實現。

出遊，要錢。交際，要錢。放鬆，要錢。

娛樂，要錢。養子，要錢。孝親，要錢。

既然如此，是否財富越大，自由度就越高？

那麼為何要排斥會為你帶來成長的不動產？

人房是一體的，人與房密不可分的關係，就是你為什麼要買房的理由，同時房子也代表著自己的人生，自己家庭的未來，甚至是自己的經濟與社會地位的程度。

**【惡魔會讓你先甘後苦，但人生可悲的是不能重來。天使會引導你先苦後甘，但人生可喜的是它不需要重來。】**

# 樓層的迷思。

大樓就是這樣，要買哪個樓層才好？
預售就是這樣，幾樓才不會被擋到？
一開始什麼樓層都可以挑的時候，選擇困難症就發作了。
賣到後面只剩幾個樓層可以選時，東嫌西怨的毛病犯了。
很多人買預售屋都會猶豫樓高的問題。
選太高，說怕地震太搖，電梯等太久。
選中間，說地震會折斷，景觀不夠好。
選太低，說低樓沒人要，採光不太好。
其實每個商品不都有其優缺點嗎？不都是一體兩面嗎？
每棟大樓都有高低垂直價差，越高越貴，越低越便宜。
沒有絕對性的完美無缺，也沒有那種一面倒的認知觀。
換句話說，每個社區到最後都會完銷，每個建案走到終點房子始終都會賣光，沒有哪一個樓層是完全賣不掉的。
青菜蘿蔔各有所好，你不愛的不代表沒人買。
你喜歡的不代表人人都會願意認同。

**迷思1：這麼高大家都不會怕地震很搖嗎？**

幾乎有社會身分地位的人都是住高樓層，除了既有優點條件之外，還有個更重要原因就是要住的比人高。

難道這些可能比你更有錢的人不會比你怕死嗎？

高樓比低樓的搖晃程度會有差異，但不會大到令人生理感到恐慌的地步，畢竟在超高層建築裡面，沒地震的平時只要風大一點，其實也都在搖，只是幅度很小罷了。

但建築技術的進步漸漸地令這種擔憂多半只是人們心理因素放大的多慮而已，除非有懼高的困擾，否則高樓會有比較貴的價值，其實也是數十年來市場所決定與認同的肯定結論。

**迷思2：我想要有永久視野景觀。**

除非真的很有閒情逸致，不然多數人在未來實住狀況下很少會刻意去賞景，畢竟回家或下班都晚了累了，那種百萬景觀還是留給有百萬時間的人去享受欣賞吧。

而且這個賣點真的會令購屋預算增加不少。

**迷思3：有4的數字不吉利。**

其實很多人都是住在這個數字中長大的，也有很多人的身分證或電話號碼車牌等等都是一堆4，也不見得因此命不好吧。

時代在變，現在會把4編列在比較低單價的也比以前少很多了。

**迷思4：某些賣掉的樓層都是比較好的。**

很多巧合並沒有你想像中那麼刻意，如果照這邏輯來思考，你也可以解讀成你買的任何一個樓層都是最好的，因為下一個人也會因此覺得自己買不到的都是比較棒的。

**迷思5：低樓層便宜真的比較差嗎？**

低樓的好處是每天花在電梯上的時間確實比較少，若需要走樓梯的意外狀況時也會比較近，那為何比較便宜呢？

因為採光通風在比例上的確不比高樓層來得好。

**迷思6：地震對建築高度的影響。**

很多人會受到許多媒體或網路的內容來主觀認知地震這件事，如今台灣對於耐震的基本要求與建築法規早已大大的不同，假若現行新式建物會發生結構嚴重損毀崩塌的話，那就是毀滅型的天災，無論哪種房子都會倒，只要超出目前人類所可控制技術範圍的災難，住幾樓都無法倖免。

但這種天方夜譚如電影情節的憂慮是不切實際的幻想。

**迷思7：頂樓很熱，底樓有彎管。**

頂樓的好處是頭上沒住人，你永遠都不用擔心會被吵與干擾，但會比較熱是正常的，不過你家都會有冷氣不是嗎？

如果樓上的鄰居是難以商量的對象，那麼生活習慣這件事可能就會是長期的問題與煩惱，但如果只要開個冷氣就能解決溫度的問題，那你不就是簡單擁有終生的安靜嗎？

底樓的彎管是為閃過基座結構的跑管，是無法避免的建築需求，有的建商為了降低底樓抗性，也發展出樓層的分管分流來降低彎管疑慮。

但若非此工法，其實現況有那種彎管回流與阻塞的機率也大幅降低了，最少在維修上的設計考量都比過去來得更周全。

**迷思8：高樓層為什麼要比較貴？**

以建築成本的原則來論，建構越高層建物成本就會越重，所以合理化樓層越高理當使用者付費，不然大家都買高樓層就好，那對低樓層怎麼會公平呢？

再說除非樓棟有先天匱乏的條件之外，不然高樓住宅優勢本來就比低樓好上非常多。

**迷思9：高樓風大，低樓無風。**

有風代表沒有直接遮蔽物，因此有感風大，而沒有被擋住的一切，你的棟距採光通風視野就一定會比較好。

低樓無風，因為你不需要風，已經賺到了樓層價差，怎又可以期待跟高樓層有相同的條件呢？

**迷思10：中高樓以上都有灑水頭。**

如果是50米以下建物，10樓以上有灑水頭，若是超過50米以上建物，每層都會有灑水頭。

也許室內高度會受到影響，但現今流行與替代的裝修設計方案頗多，也不再是一定要花費封天花板的預算來遮掩，甚至因此可以增添更多不同時尚的風格。

但高樓層能享受的優點肯定會超過你所犧牲的缺點。

選戶選樓其實都看個人所好而決定，通常沒有購屋經驗的人們會比較猶慮這一點，但只要記好這個原則，基本上會更有效率的去決定。

・高樓好但高樓貴。

・中樓好用且平衡。

・低樓略差但便宜。

如果你要好，就往樓上買吧。

如果你要俗，就往樓下選吧。

如果你嫌高怨低，就中間吧。

【住什麼樓層都是習慣問題，當你是買透天時，一樣有2樓4樓的選擇，但有差嗎？沒有，因為那是透天所以你覺得住哪一層都沒太大關係。而大樓就給了人們不同的觀感，因此放大了對樓層的優缺差異，但其實買哪一層真的不重要，重要的是有沒有買。】

# 財富有限・潛力無限。

人的一生財富，似乎是註定好的。
如何從這有限的數字裡面去讓它成長，是多數人的期盼。
沒有人不會想過好生活，沒有人不會想給家人過好日子。
但資產很現實，收入更現實，對於大部分是領薪水的人而言，
也許你覺得房價遙不可及，或許你認為經濟獨立自由很難實現。
可有認真的想過嗎？
當你追崇那些成就人士的語錄時，當你拜讀富豪們的投資心得時，當你花錢上很多知名老師的課時；你又能真切的吸收多少。
有的人會發奮圖強去精進自己的不足。
有的人會認為自己並沒有他們的特質。
有的人會覺得那些都是上天的不公平。
有的人會因此試圖去改變自己的習慣。
有的人也會從此轉念成為下一個老師。
一樣米養百樣人，每個人的個性也造就出各自不同的出路與思維，觀念與態度，毅力與志氣。
我們都遇過無數個首購客戶，他們僅僅只是非常一般收入的上

班族，不是科技菁英，也不是上流人物，只是甘草角色。

但值得欽佩的是；他們為了買房成為了你們口中那些30K怎麼可能負擔的起房價的人。

沒錯，一般常理而言，時常大家掛在嘴上的是，房價這麼貴，普通收入怎麼買得起呢？

只能說你小看了人的潛力，只要有足夠的覺悟，比你更為勇敢面對的人多的是。你不需要為這個社會與未來擔心太多，雖然這樣子的案例並非滿街都是，但這些勇者們並不是傻子，更不是凱子，相比之下，他比你更堅強。

在你充滿矛盾的認知裡，認為房價會跌也好，覺得房價貴得離譜也好，你不也正坐在接待中心裡面跟著業務抱怨這些東西嗎？

如果你沒有房子的需求，為何要坐在這邊？

這是基本邏輯，你因有這需要，所以看屋。

但看了後你無法接受現實狀況，所以逃避。

你無法接受房價竟然要壓縮掉你那麼多的生活品質。

你無法接受房子越來越貴可還是一直有人買的事實。

你無法接受房市所帶來的同溫層越來越稀薄的尷尬。

很多人比你更辛苦，但他買了。

很多人比你更咬牙，但她買了。

幾個真實案例參考：

一個單親獨力扶養三女的媽媽，她買了。

一個在大賣場打工的年輕情侶，他買了。
一個薪水非常少的基礎公務員，她買了。
一個為了孩子而借錢出自備款，他買了。
一個現金相當有限的職業軍人，她買了。
一個為了結婚跑去信貸頭期款，他買了。
一個沒有正職收入的多差勞工，她買了。

士農工商，也許你期待那些收入跟你差不多的人也總是有著與你相同的心態，「我們買不起所以團結起來抗議房價很貴。」

以為如此就能將這個社會正義化，因為我們買不起，這就是正義，而那些跑去買房子的人，都是邪惡的反派。

所以抗爭，所以吶喊，所以無理的要求，最終的所以然就是自己的可笑與無知愚昧。

上述這些案例，每一個為了自己的選擇，為了自己的房子，看看十年後有何變化：

貸款幾乎都還完了，等同存了這些錢。

房子也增值了不少，等同賺了些價差。

如果現在把房子賣掉，存的錢回到身上之外，賺的錢也讓自己的資產增加。

這時候人生的第二段才剛要開始起步，而自己的選擇權也更多了。

當然在這行業的大段光陰，死不買房的大有人在，來看看他們十年後在做些什麼事：

幾乎沒有存下多少資金，十年前缺自備，十年後自備款還是不足。

一年一年的看，沒有一年停止看房子，但一年後的價格比前一年還貴，買不下去所以丟出一句話，「去年比較便宜我都沒買了，今年幹嘛買？」

而中間有偶時機不好的時候就丟出另一句話，「景氣那麼差根本沒人買，我幹嘛買？」

他們很喜歡跟賣方表達與強調他們不是笨蛋，好似他們可以看穿一切如上帝般的預測未來與掌控市場跟大眾。

甚至教訓專業人員，甚至教育周遭有買房的所有人。

十年後，他還是沒房，二十年後，他還是沒房。

因為他只剩下一張嘴與不太健康的心靈。

這種事看多了，這種人遇多了，自然也就不太會去對他們多說什麼了，因為他們得了一種不會買房卻又不停看屋的癌症。

當你告訴他們這些例子時，他會說那是賣方在騙人。

當他看到真切實際狀況時，他會說那是你們運氣好。

當他遇到苦盡甘來的人時，他會詛咒你趕快脫現吧。

也許每個人窮極一生努力所得的財富上天都是註定好的，可每個人在世上所有的決定也都會帶來不同的潛力。

你的財富既然是固定的，但你卻可以放大這些財富的潛力。

只怕你什麼都不願意做，只想以不切實際的幻想來期待著。

很多人也許他並不是收入金字塔中的佼佼者，但更多的是他們因為購屋買房而後爆發出那些資產價值，最後時間所給予的答案，就是這些人若干年後都會是有錢人。
因為他們挖掘出自己的潛力了。

**【如果你看空房市，就不該再看任何一間房子或建案，因為沒有意義。當你秉持著無房論即是一切的態度，也不該再看任何一個有關於房市的新聞與資訊，因為沒有意義。既然你的行為已經出賣了你的言語，就應該付諸讓自己滿足買房需求的行動，不要在嘴硬了，因為你就是自己口中的那個矛盾笨蛋。】**

# 首購・自住・真心呢喃。

十多年來，接觸了無數組首購買方，有的成交，有的沒成。有些認識熟了，有些依舊裝熟。

有個基本動機是這樣講的：

如果完全一丁點對購屋的打算都沒有，那就不會進來接待中心。

既然已經來看房子了，那就最少有這種想法跟欲望，即便沒有錢、資金不足，但還是有買房的需求。

首購族不外乎幾種狀況：

1. 我想買但我另外一半不想。
2. 我想買但我資金預算不夠。
3. 我想買但我家人並不支持。
4. 我想買但我顧慮房貸壓力。
5. 我想買但我無法拿定主意。
6. 我想買但我害怕受到傷害。
7. 我想買但我擔心房市發展。
8. 我想買但我收入還不穩定。
9. 我想買但我怕這決定不好。
10. 我想買但我想生活更好過。

有發現上述的共通點嗎？

全部都是「我想買」，但為何無法跨出這條線呢？

最令人卻步的大部分都是現實問題。

假設買房子不需要自備資金，假設單價都很便宜，假設你不需要任何親友的資助都能決定，假設房貸不用付利息，假設購屋不會有任何壓力。

你認為，上述這些種種狀況會影響你的想法嗎？

把一些理由剖白吧：

嫌貴，是婉轉的負擔不起。

家人，是逃避的最佳藉口。

親友，是殺價用的擋箭牌。

挑剔，是拒絕決定的慣性。

在第一線收單的大致比例上，簽下刷卡單手會抖的首購族大概占了20％，因為沒買過房子，因為可能還沒下定決心，因為煩惱這個選擇會有未來自己承受不起的壓力。

其實購屋沒這麼難。

很多賣方會給你許多為什麼要買房子的建議。

但其實你應該要為自己找出不買房子的原因。

你買了房，再多困難出現，時間總是可以給你一個答案，因為生命永遠都會找出路。

你不買房，看在多建案永遠只會有一個結論，就是你始終沒有房，沒有資產。

誰購屋沒有壓力呢？

每個人在這階段的過程，都會有一定程度的壓力，無論是你的上一代也好，你的親朋好友也好，甚至是未來你的下一代，人人首次購屋時都是會有相同的現實狀態。

首購族常常會有個心理障礙，就是希望買房子不要有壓力，或是壓力越少越好，但這是不切實際的。做個拔河的拉距，當你壓力越大，就可以壓縮你的不必要開支，進而達到存錢儲蓄的功能。反之當你壓力越小，你的可支配資金空間就會比較多，那麼人就很容易浪費那有限的資本。

所以必須先要跨出這一步：

勇於讓自己挑戰這巨大的壓力吧，越大越好，先苦後甘，倒吃甘蔗。

當你有這層心理準備與覺悟的時候，錢的問題就很好解決了。有人信貸來付自備金，有人借錢購屋，有人放大槓桿去用時間平攤掉總價預算，有人只管先求有房子，之後的事以後再說。

當然如此也會有人反應，這樣只是把自己逼死，如果沒有那個能力，就不要勉強自己。

可是真有人會這麼傻去做完全沒把握的打算嗎？

充其量就是每個月有1萬元花用還是只有1千塊花用的差別而已，你真的會因此而餓死渴死嗎？

「如果你不願意為自己的人生拼一點，就不要把別人也拖下去跟你一起魯。」

另外一步，也是很重要的；必須要有主見。

有太多無數的首購買方，都會像個無頭蒼蠅般的到處詢問他人意見，無論是家人朋友、網友、甚至是完全不認識的路人甲乙丙，也因此這樣耽誤自己決定的時間或是可以選擇的建案，實例多不勝數。

買房子是自己的事，沒有人可以為你負責。

漲了你也不會分給人家，賠了人家也不會補給你，而這些芸芸眾議，也沒有人是以足夠了解你的立場而給你中肯的建議，他們都只是要為了要充分表達自己的看法罷了，更甚者還會抱怨如果你不聽他的那麼問他要幹嘛。

沒錯，你為什麼要聽別人的呢？

他們會知道你的狀況或想法嗎？

自己的需求、習慣、喜好、認知，請給自己一個最好的決定，這樣就足夠了。

「從別人的嘴巴之中去尋找安心是件很愚昧的事。」

最後一步，不要去執著自己到底是買貴還買便宜。

要以時間來做比較，你今年才首購，再便宜你都比十年前的首購買的貴，這有何好比較的呢？

相對你今年所買的價錢，也會比十年後的首購便宜，這也應該是不需要去計較的吧？

只要你做足了針對購屋市場所需要的基本功課與作業，其實每件產品都有他的價值，高價產品有高價的原因，平價商品也有它平價的道理，過份在此鑽牛角尖是毫無意義。

經濟景氣環境不是任何一個人可以預知的，既然房子是拿來自住用，在你還沒要搬走之前，到底漲跌跟你有什麼關係呢？

「你只是個單純有自住需求的平凡人，不是房地產專家，不需要去花費錙銖必探的心神時間去在乎價錢，因為你在怎麼補充，都不會比賣方來得專業。」

**【很高興你有買房的動機，其實買房子也是個很值得高興的事情，但不要因為那些瑣事來掃了興，你只是沒**

經驗而已。每個首購族到了換屋時，都會成為老鳥，簽單時也不再會手抖。怕的是你永遠沒有換屋的那一天，因你為首購時跨不出的那一步而漸漸老去。】

# 實登．完揭門牌。

一個充滿不二價時代的意味。

無論是否針對所有不動產市場的實價登錄或完整揭露交易資訊，這也就代表著未來你買房、我賣房，都完全不需要再有議價階段了。

買方不用擔心自己會不會殺價。

賣方不用煩惱開價會不會太高。

買方不用害怕自己會不會買貴。

賣方不用困擾已購群組的抱怨。

也許你會講著那些透明資訊會不會是假的。你可能也會懷疑著真有那麼多人買房子嗎。又或者是這樣的行情怎麼可能大家都買單，再不然就是很多的預設立場與假想。

其實說穿了，在每個人都可以很輕鬆取得賣方與建案資訊的狀態下，實價登錄還真不是一件壞事。

藉此可以阻斷掉所有買方拿來殺價的理由：

什麼路人甲說可以買多少，請看實登。

什麼親朋好友他們買多少，請看實登。

什麼網路鄉民他買多少錢，請看實登。

什麼名嘴專家說該買多少，請看實登。

既然趨勢都以如此發展，似乎現況許多品牌建商、指標建案、或是高單價產品，也都開始流行起不二價之類的方式銷售，結果還都能有非常正面跟突出的成績，這也意味著現況市場的變遷，買方已經相當可以對能否殺價這件事漸漸無感。

在購屋前，人們現在也都習慣會自行上網做功課了。

查閱研究實價登錄，堪稱是買賣方都必定會做的事前流程，當資訊需要滿足大眾所期許的，那就會失去隱私。

你想知道別人買多少錢，也意味著你買了之後也得讓大家知道你買了多少價。

完整揭露門牌，更可以透明的了解你所有的社區鄰居每一戶人家當初取得成本是多少，經過時間，當然你也可以清楚明白他們賺了多少，增值了多少。

相對地，仲介上門開發時，也很赤裸裸的讓他們看到你的價格區間帶在哪裡。

沒有一項政策是擁有百分百完美的優點，都有其背後的缺點。

但台灣有個病態的社會環境，當操作登錄者，總是有著隙縫可鑽的漏洞，當實登已普及多年後，也還是有很多人不相信上面的資料。

有點尷尬又矛盾，想把一件好事做好，卻無法徹底實行完整監督管理之責，大眾也總無法全面相信系統的完善。

即便是走到今天的實價登錄，對賣方而言的這些數據統整化會納入90％的可信程度。

但對買方而言，可能只有70％的信任值，這也是一個我們相當特有的文化，資訊不透明的時候抱怨，資訊攤開的時候懷疑。

當你是買方時，期許的買價假設30萬／坪，可實登看來看去，全都比你的目標還高，這時你無法接受事實的心理作用，就會騙自己說那些數字都是假的，而後無理的要求賣方必須要給你這個價。

這種事情天天上演，層出不窮，這時候透明的資訊反而就不是一件太健康的事。

當你是賣方時，期待賣價假設30萬／坪，可實登所載的行情全部都比這還低，這時你只會想回買方「人家成交多少是別人的事，我就是要賣這個價。」

每個屋主與資產者對自己的房子都有既定認知與主觀的價值，不用管其中的差價有多少，賣方想創造市場新高價是人之常情，只不過你儼然已經忘記自己當初是買方時對房價的那種渴望了，這就是人性。

你期待以後買房，所有的新建案都是不二價嗎？

你希望以後賣房，預售或新成屋都是不二價嗎？

少了殺價的過程其實對買賣方而言都少了一種樂趣或感覺，好像沒砍到價錢就下決定有種怪怪的不安，自己會不會被騙了、被當盤子。

但沒有辦法，未來幾年全面不二價化的趨勢是人們的期望所向，慢慢習慣了，也就不過是讓購屋過程更單純，也許對買賣方都好。

**【實價登錄可以看到房市行情有無上漲，也能收到是否疲軟下走的回應，既然都這麼透明清澈了，甚至賣方已經為你準備好所有公開資料一覽無遺時，那是否剩下最後的一個問題就是；你到底要不要現在買房？】**

# 代銷是什麼。

很多消費者都會有的問題，關於代銷公司的定位與各種疑問跟好奇。

**1. 代銷的工作是什麼？**

承攬整個建案的代理銷售權，其內容涵蓋範圍很廣：案前市場調查，產品建議，規劃設計討論，建材擬定，企劃定調，定價設定，據點安排，銷售工具建置，廣告相關細節，銷售策略，人事配置，課程教育訓練，日週報告與定期檢討會議，危機處理，客戶與建商之間的溝通橋樑，代理業主協助解決問題，雜項工作。

**2. 代銷很好賺？**

既然要爭取最大的服務費空間，當然就需要一定程度的代價，大多數在市場上的建案所有支出都是代銷在負擔的，這是一筆龐大的資金投入，同時也要承擔不少的風險，普遍外界對於不動產行業的收入認知是有差異的。

首先是成本概念，代銷要拼高收入的門檻至少都需要準備個千來萬以上的現金，週轉風險才會比較低。

再者是投報效率，平均每一年都要賣3成才回本，假若預售期賣到成屋後，基本上收入都是在貼開銷的。

最後就是庫存壓力，建案都是前期好賣後期回收，前段沒顧好後段更辛苦，並非大眾所認知的賣一戶賺一戶，代銷的成本列表出來會高到會嚇死人。

總結就是景氣好時代銷是時間換爆發空間，景氣差時就是淩遲荷包。

### 3. 沒有代銷經手的建案會比較便宜？

別傻了，建商不是吃素的，只有服務費誰賺的差別而已。

銷售過程都是有固定預算的，有聘代銷當然這筆就會列在建商支出項目內，沒聘代銷的時候，這筆省下來後當然也就當做是多賺的，所以賣方自地自建自售的建案，也不會比較便宜。

### 4. 代銷的手法都很多？

任何產品的行銷都有其需要吸引人的方式，講難聽點是手段，講好聽點是包裝。不動產真真假假又假假真真，無論你是否相信，那些都是必要的過程，因為沒人會想聽那不中聽的實話，也沒人會去買那些擺明賣不好的建案。

代銷是行銷單位，是拿身家出來拼業績的第一線，不是老實佛心的慈善單位，所有的一切都只有為了一個目的：「成交」。

### 5. 代銷業務為什麼都是女的？

這個行業的傳統就是男女有別，不像仲介那樣性別無差。

代銷的主管幾乎是9男1女，業務則反之，因為女性做銷售好上手，成交率也較高。也因此發展至今這點在概率上還是沒變，以人事投資回報而言，女生在業務發展培育的回收產值是比男生高數倍的。

### 6. 沒聽過的代銷公司有差嗎？

代銷本來就是以游擊性質為主的生態，大規模與知名度高的公司是因其成功擴張所以會有不一樣的經營策略，這也就成了一種招牌。

但不是每家公司都會有同樣的想法或資本，所以對很多中小代銷來講，招牌有多大這件事就不會太在乎，只要業主建商能認識自己就行了，所以很多時候去問「你們是哪家公司」一點意義都沒有，因為對市場而言，大多你只會聽聞過其業績案名，但卻從沒聽過這家代銷的名字。

這也是這個行業特別的文化之一。

**7. 十大代銷是什麼？**

每年都會列舉全省接案量最大的代銷公司排名，可以解讀成全台規模最大的前十名。接案金額也可以當做不動產每年發展與成長的數據憑依，這些公司對於其品牌的塑造與經營是很重視的，當然他們都有完善的組織規模，在執行個案操作上也具有相當高度的水準與經驗。

**8. 代銷的話能信嗎？**

每一個代銷所代理的建案都具獨家性，除非你對當案不考慮，但若要買的話就只有這唯一的窗口與通路。

換句話說，無論你對賣房子的人有多反感，你可以選擇更換服務你的業務，但無法更換賣房子的代銷公司，以此類推。每一個銷售都有著自己的方式，再厲害的人也沒法適應整個市場所有的人種，總是會有那種無法溝通的組合，或者怎麼樣都看彼此不順眼的搭配。

不管代銷的話術精巧程度如何，基本上都會保有一定的合法要求，不會去用非事實的欺詐拐騙來做交易，那種隻手可遮天的荒唐時代早已過去。

信用誠無價，話術非騙子，同時代銷公司也肩負溝通橋梁之責，所以與客戶維持一定程度的互信原則是必須的。

**9. 為什麼一定要我到現場去才能問到相關資訊呢？**

網路發達的時代，許多消費者持有一個錯誤的邏輯，你想知道一切後再考慮自己要不要去現場，總是要在電話或網路上非得問到答案是不是自己要的再考慮。

這是一種沒有誠意的看屋法，也許你覺得沒必要浪費彼此的時間，但可否想過對方也可以不用告訴你那麼多，是吧？

這樣會有好的結論嗎？

不要把便捷的工具當作藉口，你不可能在電話或網上就買成這個案子，即便這些資訊都符合你的需求，你還是得來一趟才可能會成交。

所以線上溝通是一種無形的誠意交換，你不來，我不需要跟你說太細。你說那就不用了，那就這樣吧。

你願意來，那賣方肯定會滿足你各種問題，即使你沒有要買也沒關係，因為你已經展現出你的誠意了。

**10. 跟代銷買比較便宜還是直接找建商？**

找老闆肯定是最貴的，找建商也不會好到哪去。

消費者不知道的一件事，代銷都是「承包」整個建案，無論建商透過任何型式去成交這個單位，業績跟服務費都是算在代銷上面的，於此，他們當然更希望你都去跟建商買那又高又貴又不用現場服務的房子，你買越多他們就賺得越輕鬆。

在經驗跟邏輯上，所有買到便宜的實例，幾乎沒有是跟建商取得而占到便宜的。

【關於代銷常見的十個問題，是希望消費者能夠更深刻的認識這個產業。無論規模是大是小、品牌有沒有名，代銷公司都是服務業，雙向同時服務買方與賣方。這樣高壓與辛苦的行業文化並非如消費者所想的好賺，也是火裡來浪裡去的在求生存。市場買方若能更理解這工作運作的邏輯，也許可以令你買房的過程更為順利。】

# 賣方的十大話術。

話術非詐術，是一門藝術，也是一種獨特的技術。
它不只是業務需求，它更是人際之間的調和魔術。
把買賣的立場拿開，很多人就不會對話術反感。
但只要有消費過程，很多人就相當厭惡這兩字。

話術也並非人人都會使用，且每一個人對其運用的深度與技巧都各自有不同的層次，有箇中好手，也有菜鳥新手。

其實話術的基礎建構於人性，對其越了解，則用的就越巧秒。

有的人天生就是個善於說話的高手。
有的人是後天磨練而來的經驗累積。
有的人是聰明才智的快速臨場反應。
有的人是幽默風趣與外向的好個性。

無論何者，關於職業性質需求的話術，都不是輕而易舉就可以渾然天成的，它也是一項專業，是一門透澈人性的學問。

不動產銷售中的賣方十大話術：

1. **預算引導**：每個產品都有其不同的單總價與自備門檻，如果要精準鎖定能夠負擔的客戶，會浪費掉許多潛在成交機會。大多買方尤其首購族在預算上的認定彈性是很大的，同樣100萬的資金在不同人身上都會有著不同購屋總價考量的想法，所以賣方第一步就是要讓你感覺自己是可以買的。

把數字透過時間去拆解到每日負擔額很低，把購屋輕鬆度最大化，把投資報酬率最大化，把幾百萬幾千萬的東西講成講百元幾千元就對了。

2. **地段塑造**：買房最重要的就是地段、地段、地段，這也是最無可取代的購屋條件。但這件事並無法存在於每個建案都能有著好地點的條件，這時後就要塑造它。

任何不動產都是需要時間來累積它的價值，環境也會因此有變化，商圈與機能核心也可能會轉移，所以銷售方不能把地段賣點放在現況，而是未來。

3. **品牌精神**：隨著網路時代與資訊普及，現代人們非常重視消費產品的品牌。所以你所代理銷售的建商，只是三言兩語就打發掉，那麼客戶也會對這家公司充滿不安與狐疑感。

無論是已知的大規模賣方或是小建商與新創公司，在這點上面必須靠你的語言包裝藝術來建立起一定程度的品牌價值，烙印在買方心裡印象的不是建設公司做得如何，而是你的嘴。

4. **規劃設計**：給你看到1是1，2是2，就不需要業務介紹的存在了。我們的任務是要把1講成10，把2說成20，每一項即便在平凡無奇的內容都要將其成為是一種稀有性或細膩度，假若建案本身是具備紮實有料的條件，就更要把它發揚光大。

客戶永遠是燈不點不亮，沒有買方是擁有真正的專業知識與瞭解程度，你不講，消費者就會覺得沒什麼好稀罕的，你講得繪聲繪影精彩絕倫，消費者就可以感受到價值的不同。

5. **度量衡感**：大多人對於尺寸高度面積的概念是既主觀又匱乏的，我們不做是似而非的欺瞞，但可以將其包裝延伸至生活感令客戶對這上面的認知有信心。

在預售屋的銷售過程中這是一個許多買方都會在意的細節，畢竟在圖紙上面，單純只有數字來表示是很無感的，所以話術的存在就是要將它轉換成一種實際臨場感。

6. **市場狀況**：氛圍是一種事實，但也是人為可以創造出來的環境感受，人們都比較容易接受賣得好的建案，也比較會追逐市場反應好的指標，因為大家都不喜歡去買一個好似只有自己會喜歡與認同的小眾或冷門產品。

於此如何去把整個市場熱度雕塑出來，是在你的語言而不在客戶的眼。

7. **抗性解釋**：世上沒有百分百無缺的建案，每一個客戶會介意抗拒的缺點，背後都還有著另外一個優點。

怎麼去運作雙面刃對賣方有利的解釋，是需要大量事前準備與研究功課的，畢竟許多顯而易見的缺點無法避免，只有正面去挑戰它，讓買方正向去接受那些抗性所帶來的優勢。

8. **服務技巧**：每一組買方都是你的第一組，每一個客戶都是貴賓與最特別的，業務不需要狗腿奉承，但好話不能少。

該捧就捧、該誇就誇，如果要以最快的時間卸下買方的心防，那麼你也得先放下自己的武裝，從語言上的魅力讓你所服務的每一位客人都是快樂愉悅的，令他們享受在這樣的介紹過程中如沐春風，自然成交就不會太難。

9. **擇重棄小**：不動產交易金額龐大，很多人總是希望馬兒好又可以不吃草，選擇困難症是消費者很常見的狀況。

一個善道藝術家，懂得看透抓準對方的需求重點，如何將先求有再求好的概念洗入買方們的心裡深處，是很重要的銷售技巧，如果不能幫客戶做決定，就會錯失掉許多黃金時機，對於臨門一腳的成交關鍵，往往事倍功半。

10. **刺激決定：**最後的收網過程，是整段銷售介紹中最精彩的點。你今天買就如何、你今天不買就會怎樣、你買了以後可以如何、你沒買而後會怎樣，這些種種一切的話術，都是為了要刺激買方盡速決定。價錢細節也好、議價流程也好、技術性需求的配套模式也好、SP做狀況也好，如果沒有嚴謹的業務技巧，就很容易會失敗。

話術可以達到一種境界，如入無人之地的帶領對方行為到你所設想要的目標，它是一種心理學，也是一種行為學。

它需要配合你的觀察力、對陌生人的敏感度、對人與人之間交談的經驗、對談判上的運籌帷幄，它沒有止盡，沒有終點，也永遠沒有畢業的那一天。

**【買賣與交易，總是一個願打一個願挨，它是出自於消費者方的心甘情願。業務不是解說員，買方也不需要照本宣科式的介紹，如果沒有這個過程，在一般人要自主馬上決定購屋的比例上是很少的。你可以把話術當做是一種對你的幫助，加速你買房的時機點，也是協助你盡快達成人生理想的潤滑齒輪。】**

# 房子買與不買的思考。

這是一個普遍不動產消費的買方，尤其首購族會有的迷思，本篇以市場狀況做各種假設與比較，也許可以讓你有不同的思維角度。

房市、股市，都是經濟的周期循環，以十年做一個基準，沒有穩漲，也沒有穩跌。只不過不動產的特性是在超長期的置產而論裡只有漲，沒有跌。

有人說，老房子的時間折舊之後的價錢會比當市場行情還便宜。

這是事實沒錯，但這間老屋當時的成本數字可是比現況售價還低非常多，甚至可以有好幾倍的落差。

所以很多買方誤會這時間上的增值差異。房子越老所影響的折舊率是折掉增值空間，而非像車子一樣折去掉本身原有的價值。

20年前100萬的汽車，是越老越便宜，直到剩下不到5萬。

20年前100萬的房子，是越老價越高，可能現要價300萬。

雖然這房子比隔壁新房子還便宜3成，但它已經幫屋主賺取好幾倍的利潤，雖然它老到增值率所剩無幾，但它身價卻早已超過當時的成本了。

如果在房市持續熱絡的環境下，平均每年新建案的價錢上漲幅度是5～10％，那麼你買跟沒買，會差多少呢？

前一年買了，你的資產價值就是每年多了5％以上。

後一年才買，你就要多吸收5％價錢買一樣的東西。

僅僅不過一年之差，買與沒買的差別一個是正5％，一個是負5％，正負之間的資差價值就是雙倍10％的距離。

而這也是為何資本主義的社會走向M型化的由來。

換言之，對於一個有房屋需求性的人來說，越晚買房子，不僅是可能會在未來更買不起房子，還會在無形之中虧蝕你的社會競爭力。因為你的潛在資產不斷地在被時間耗損，如果跟平行時空有著不同決定的你來比較，或是與同齡者不同選擇的人來相比，彼此之間的人生資產價值與經濟實力就會產生極大的差距。

除非你永遠都不買房，除非你打算一輩子都做無殼族，那麼房市的漲跌就跟你沒關係。

當然也會有人說，那經濟不好房市下跌又該如何呢？

這就要根據不動產的歷史特性做以下的分析來思考：

1. 房地產長期以來漲多跌少。
2. 上漲勝率遠高於下跌比例。
3. 房子會賠錢都是缺錢的人。
4. 超長期置產沒有虧本的人。
5. 房子在手即便下跌也沒差。

6. 逆境中勇於占便宜的人少。
7. 經濟循環中穩定大於波動。
8. 房市跌勢比漲勢更難預估。
9. 基礎成本上漲是最大原因。
10. 房子越晚買事實越吃虧。

在投資自己人生資產的時候，要考慮的並非只有當下的利弊，還要顧慮到時間所帶來的影響，透過累積，這些無形的收穫最終還是會回到自己身上的。

也有遇過不少消費者會有這樣的質疑，即使我早早買了房，但而後我要換房子，雖然第一屋有增值不少，可是我未來準備要買的新建案也同樣變貴了呀，這不是只有互補而已何來賺頭？

購屋透過貸款，是儲蓄自己的資產。同樣地下一屋還是一樣會再貸款，可不同的是這時你手上的自有資金已不可同日而語了。第一屋可以為你換回所已繳的貸款總額、當時的買房自備金、增值價差，然後新房子的重新貸款，放大了更大的總價槓桿，這時是否你所得惠的是更好的地段與更大的面積呢？

以此類推的隨著時間循環，慢慢地就可以達成最終人生目標的那種理想房子，大透天也好、大豪宅也罷，至少因為你曾經的決定，最後老天也不會虧待你的初衷與果敢。

就怕你荒廢時間的流逝，永遠害怕踏進那一步，永遠逃避購屋，不想承擔貸款壓力，不想還款，不想被壓縮生活品質。時間一瞬即逝，如此你可能終將一生都沒有屬於自己的房子，又或是那計算機就能按得出來你的資產數字。

【正與負的總值是兩倍落差，而非很多人想的只不過是單向少賺而已。善於理財與精於配置資產的人，他們都懂得時間是很重要的膨脹條件，要嘛不浪費它的流動，要嘛充分利用它的累積。所以人與人之間的勝負不在於能力，而在觀念。】

## 消費基本需求。

人們的生活離不開食衣住行，無論是富豪還是小民，總是圍繞在這四大項的基本消費上。

不能沒有食物吃。

不能沒有衣服穿。

不能沒有房子住。

不能沒交通工具。

但奇怪的是，惟獨住這件事情，卻有不少人是打死不買。

在食的上面，不管怎麼嫌棄，也都不會有人打死不吃飯。

在衣的上面，不管怎麼看待，也都不會有人打死不穿衣。

在行的上面，不管怎樣麻煩，也都不會有人打死不買車。

房子的確有許多變通的方式來取代，可以賴家王老五，也能長期租房，但不同的是，唯一有資產價值的民生必需產品卻是被人們當作最後的考量選項。

吃下去的東西，消化掉就沒了。

穿過的舊衣服，也沒什麼價值。

開過的二手車，也被大幅折舊。

住過的二手房，卻能保本增值。

合理化正確的邏輯應該要逆行倒思，因為收入是有限的，消費卻可以無限，如果不能妥善自律管理，那終將一場空。

在食的上面，應該拮据開銷。

在衣的上面，應該能省則省。

在行的上面，應該代步節流。

能省下的，就是多的錢，也是用時間去累積財富。

每年賺50省20，賺100省60，賺200省150，只要忍耐習慣個幾年，房子的自備款有了，可動用的資金也達到購屋門檻，這樣就能大幅度縮減你擁屋的年紀，對於人生的長期考量而言，這種財富會更加快你儲蓄的速度與效率。

很多人說做生意的，總是想揩油省成本，為什麼呢？

省下不必要的開銷，只要是合理範圍，都是多賺的。

同樣如果你在生活上的經濟概念，沒法要求自己去節制支出，那麼它不僅無法為你積存實力，還會浪費掉你大量的時間。

人不可能一世順遂，不如意之事十有八九，預料之外的事情也天天都發生在不同人身上，有錢傍身，最少能解決大部分的問題。錢都被你花乾見底沒有庫存，哪天被解雇時怎麼辦，某天必須得要負擔上大筆預算時怎麼辦？

你渡過了天天如過年般的月光日子，你享受過平日一切舒適的物質生活，但年年過去卻沒有可備用的資金存下。

未來如果有那種懊悔煩惱的時候，時間也不可能倒退回流了。

不要只奢求抱怨房價太高，也不要只期待房價會跌，今天即便是平民皆大歡喜的行情，你也還是需要有基本的購屋門檻資金。

不要把自己不想做的事，給不動產冠上了莫須有的罪名。也別把自己不想努力的事，責怪到了房價與市場上。很多過來人的經驗總會說著，會買的人就是會買，不會買的人怎樣都不會買。

至於你要做個什麼樣的人，這責任都不在誰的身上，而是自己的觀念與態度。

你是每天花多少錢在吃飯，每月花多少錢在置裝，每年花多少錢在交通上，自己最清楚明瞭了，誰都無法去干涉你想過什麼樣的生活。

往往十年一個波段走過再循環的時候，人們才會知道他究竟浪費了多少的光陰，浪費了多少的金錢。

這兩者之間永遠都是環環相扣。

投資者稱這為投報效率，自住者稱這做時間換取空間。

那麼你是怎麼看待這件事的呢？

你可以為自己的人生打算了嗎？

一天一杯咖啡，一年就多花了近2萬。

一天一包香菸，一年就多花了近4萬。

一周一部電影，一年就多花了近3萬。

一周吃次大餐，一年就多花了十來萬。

一月逛街一次，一年就多花了好幾萬。

一季旅行一次，一年就多花了數十萬。

每要換車一次，一年就折損了數十萬。

算一算，累積下來，這些可以節省掉的消費，不就剛好可以成為購屋自備款嗎？

如果是雙人生活兩人世界，更會增加許多開支，這些不就能成為買房自備金嗎？

無論房價漲多少，無論房市怎麼樣，不管你喜不喜歡接不接受，應該先問自己努力了多少，能夠自律多少。

不是買不買得起的問題，而是對買房這件事有沒有決心的差異程度而已，這世上為了房子在努力的人很多。

重點是你是否也在這個圈圈內，如果不是，不要用媒體所算的數字來以偏概全，而是要以自己實務上的生活習慣與調控來累積金額才是。

**【房子是你的獎盃，是人們省吃儉用來的，不要說這一世代的購屋痛苦指數有多高，在上一世代的人們為了買房是更辛苦的。不要說這種生活不能花錢有什麼意思，那些長輩與前輩，也都是這樣子走來的。他們可以你不行，就是你的問題不是環境的問題。】**

# 真正好的東西不在ＣＰ值。

C是性能，P是價格，CP值為性價比的簡稱，也可做為物超所值的單位概念，這是人們普遍對於要否決定消費的基礎與判斷是否划算的統稱。

不動產也是如此，買方對於每一個建案的條件，根據售價來界定自己要不要下手，甚至該不該投資。

但其實真正好的東西並不在CP值高的產品。

房地產的邏輯永遠都無法離開一分錢一分貨的事實，賣方所呈現出來的銷售技巧、任務與目的都是為了要讓客戶感覺划算，但在價格上是幾乎不可能讓步的，只好在性能上想辦法讓買方接受是符合其建案售價。

用食物來論，小吃CP值高，但它是真正上乘的食材嗎？

用衣鞋來論，成衣CP值高，但它能跟名牌材質相比嗎？

用汽車來論，國產CP值高，但它能跟進口車比性能嗎？

很多人在消費的觀感上習慣只盲目追崇性價比，卻時常忽略了產品本質上真正的價值。

有些人只買好的東西，因為他們知道高成本的產品在價錢上就是不可能有親民的便宜。

前者所選擇的標的往往都受限於售價上的最大值，後者所擁有的是一般人難以入手的高水準與深度品味。

前者往往會認為東西的質不會比價錢還來得重要，後者通常會認為不管有多貴的產品但質永遠大於價錢。

在建築的領域中，如果建商在製造的邏輯也是以CP值來發包各種大中小廠商，最終產出的建案自然不會有多高檔。

反之假若賣方總是在任何細節上都不惜重本的來精雕細琢，以最好的等級要求所有建材與工法，產品自然不斐。

以大宗首購建商品牌寶佳來舉例，基本住房需求條件全部都有，但價錢總是遠低於市場行情，永遠都比隔壁還來得便宜，性價比當然可以符合大部分的買方要求。畢竟只要能住，自己又負擔得起價錢，那這樣就是一種划算。

但若以中上等級的建案來說，它可能不只比寶佳貴，甚至還貴上非常多，可會因此就失去了它的買方市場嗎？

很多時候這類型產品的成績表現反而比CP值高的建案還來得更好，因為它讓所有人都看到了它的質、與價值。

一分成本，賣五分售價，這是言過其實。

五分成本，賣一分售價，這是不切實際。

一分成本，賣一分售價，這是性價比高。

五分成本，賣五分售價，這是精品收藏。

賣便宜的房子，著重在價格上的比值與划算。

賣昂貴的案子，著重在價值上的條件與稀有。

好的東西不成立在CP值上，最少在不動產的領域中它不存在，如果你遇著了，代表這個建案賣方很會包裝與行銷。

將性價比建立在在買方的觀感上把你的購買欲拉到最高點是第一線的工作與專業，不表示產品本身有高等級成本。

在消費上面，我們應該都要試著去學習了解那些你覺得很昂貴又不划算的建案，它們價值到底在哪裡。也應當去培養對產品規劃設計上的品味，除了地段上的成本差異，各建商不同的造價水準也各自有譜。

**【有人説道，貪小便宜的人往往會落入CP值的迷思，於此可能令自己吃了虧。也有人説道，好的事物總是超越性價比的理論範疇，因為眼光這件事本就因人而異。好的東西，真的不能用CP值來判定。】**

# 不動產・金流原理。

金流如水流，鈔票不動就是廢紙。

跟隨著經濟循環的資金流動方向，就可以知道該如何跟上軌道來滾動自己的財富，對人生的資產配置是相當有幫助的觀念，本文僅針對房地產相關的流序做分享。

人們的收入都來自於工資、薪水、獎金，無論如何，這都是資方、生意對象、客人們將錢流入到你手上，而自己所有消費的支出，則是再轉流到其他人的口袋中。

絕大部分的人，都會把錢存在銀行裡，但你無法限制銀行怎麼使用這些資金，保險公司亦同。所謂各種類型的投資，其公司單位都會有不同的方式來妥善運用放大錢滾錢的效應。

不動產，也是最大宗的目標與首選之一。

在住的上面：

如果住在自己家人的房子裡，免費。

如果住在房東租賃的房子裡，租金。

如果住在自己所買的房子裡，利息。

假設你是房東，收到的租金可以與貸款利息相抵之後還會有正數，等同租客在幫你養房子。

假設你是租客，付擔的租金是完全的支出，無法換回相形等價的資產，那錢是完全的消失。

在租賃的立場上，為何這麼多人喜愛這種方式來做理財？

1. 被動收入穩定。
2. 具有增值空間。
3. 免費來養房子。
4. 不受景氣影響。

周期拉長來看，這是一正一負的差距，隨著時間增加，這兩者的距離會呈現極端的結論。

舉個例子：

你的同事是你的房東，你們的收入是完全相同。

假設房子500萬，年租12萬，而兩位的年收入是100萬。

房東每年從你手上獲得12萬的租金，總結收入是112萬。

房客每年從手上失去了12萬的租金，總結收入是88萬。

一年的資產差異正負總值為24萬，十年下來就是240萬。

房東500萬的房子十年後可能增值到700萬，房客名下卻依然沒有半戶房產，加上租金後距離就拉到440萬的落差。

於此，為何社會貧富M型化嚴重，此例就能知曉這數字的邏輯。金流，當在你身上流出後就必須想辦法令其加倍回流到自己手上，否則時間會證明你終將一無所有。

不動產之所以叫不動產，是因為需要長期持有。

路遙也總是可以知馬力，有與沒有是天地之差。

同理，如果你都不買房子，任隨時光流逝，又會發生什麼事？

普遍大眾都會把錢存在銀行裡，而一般人買房都會需要貸款，將不動產抵押來跟銀行借錢付利息。

雖然不買房你將不會負擔這筆支出，但你所存在銀行的錢，卻被它們拿去借給別人做購屋貸款。

也等同你將工作與薪資收入流向金融單位，它們再將你的錢流入市面來供大家來買房子，意味著你自己辛苦所存下的積蓄，其實也變相在他人的資產上面。

甚至是你向保險公司所購買的保單，都會被這些單位拿去做投資不動產的本金，日積月累下，你的錢就成了別人的資金雞母，但放大的卻不是自己的財富。

如果不買房而長期租屋，你賺的，是在養別人的資產。

如果不買房而長期儲蓄，你存的，是在供別人的資產。

十年，再十年，再過十年。

何時可以為了自己的家庭覺悟。

何時可以為了自己的人生醒悟。

沒有人可以干涉你的自由，但在經濟循環的金流原理之下，上了軌道的人們，可以放大自己人生的資產。而那些不願上軌道的無殼族，就會一直被這樣的資本主義社會吞噬掉你辛勞工作的待遇。

銀行永遠都是贏家，你存錢，它拿去賺利息。

你借錢，它再用你的利息來投入其他不動產。

雖然投資會有很多項目，但不可否認的數據上顯示，銀行大部分的銀根都在房地產上面。無論是放款出去的，還是自行購買運用的，為什麼占據這麼高的金額比例，我們是否應該都必須要去追根究底思考一下這個理由：

因為不動產保值、增值、超長期持有穩賺不賠。

**【除非你打算一輩子都住在老家裡，除非你打算這一世所有的錢都不會存在銀行裡，除非你打算永遠都不會買保險，否則所有沒在你身上的任何一塊錢現金，最終都還是會流到不動產上面。】**

# 買房，是幫你還是害你。

這是一個關於無殼蝸牛需要省思的問題。
有的名嘴，主張空方立場要你晚點買房。
有的媒體，大灑空方標題說買房會吃虧。
有的朋友，會試圖說服你買房是件蠢事。
有的家人，會唱衰你買不起不要買房子。
到底購屋，買房這件幾乎人人都必要的需求，是會幫你還是會害你？
先來針對上述來求得一個邏輯與答案：
名嘴，年年都說房價高會跌，但他們能告訴你何時買嗎？
媒體，次次都講經濟很不好，但他們會跟你說何時買嗎？
朋友，每每都在講房市很慘，但他們會建議你何時買嗎？
家人，總認為房價高不可攀，但他們會跟你說何時買嗎？
好似這些人們，並沒有真正會對自己所給予的言論來做負責？
你買與不買，他們會實際的去關心你嗎？
還是能夠有著專業的依據來給你方向呢？
你買了之後跌價，他們笑你，早叫你別買。
你買了之後漲價，他們沉默，無法說什麼。
所以他們都秉持著自己的主觀與立場來希望你聽他們的，可是對於你決定之後的未來，完全不在意，更不會也無法為你的人生負責任。

你沒買之後跌價，他們會說，還好你有聽我的。

你沒買之後漲價，他們沉默，反正不關他的事。

若是家人，會因為遵照了他們的意見來賠償你的損失嗎？

既然自己父母親都不會了，更何況那些無關緊要的外人。

來看看實例：

名嘴說了十年房價崩盤，少子空屋各種議題，都是叫你別進場，如今房價有漲有跌，但最後還是越來越貴。

媒體每年都說隔年慘淡，經濟衰退各種分析，都是要你別買房，如今房市有好有壞，但結論還是越來越貴。

多少人悻悻然的期待這些具有知名度，具有正當性，甚至各種大媒體的專家學者的話能實現，但事實有嗎？

他們能代表市場嗎，他們能代表整體實際面的供給與需求嗎，他們是不動產業者中的佼佼者嗎，還是他們只是在做有利於自己的引導或其他目的的呢？

朋友或其家人，會有很多對你的話語，有很高的比例都是受這些單位的影響，被漸漸洗腦，被無知給催眠。

讓買房這件事情成了一種愚蠢又共憤的感慨，好似不聽他們的話，就是個笨蛋，可到頭來卻沒客觀思考過。

正確的態度應該是這樣：

房市沒有穩漲穩跌，因為它是超長期的資產工具與產品，不能以短周期來看待，最少要用十年一循環來判斷。

如果是自住，房價漲跌都不干你的事，人還住在裡面，賺或賠都是資金入袋時才會有的結論，既然居住並非只是短期的考量，又何必去日日月月在想行情價值多少呢？

不動產的事實就是超長期置產穩賺不賠，穩漲不跌。

不信請自行去調出各區域以20年期來看待的房價差異，這已足夠令學者名嘴咋舌不做任何討論。

而一個有購屋需求的年輕人，請問你又有多少時間與籌碼來等待未知的房市跌價？

對於那些不甚瞭解房地產的消費大眾來說，這兩個問題是必須要思考與反問自己：1. 若跌了，你敢買嗎？還是你怕會再續跌？還是你敢撿落下的刀？你有足夠的膽識與專業來判斷這就是最佳的進場時機點嗎？

2. 沒買但房價年年不斷上漲，你的儲蓄與收入的累積速度追得上嗎？此時你會意識到預算危機趕緊買房還是直接逃避無視呢？你的家庭與孩子有辦法陪著你一起吃無房之苦受委屈嗎？

撇開任何人給你的意見，即便他有多盛名，不管他多麼有權威，無論他跟你的感情有多親近。

請相信一件永遠不變的鐵律：有房，永遠得惠。

無房，永遠吃虧。

**【沒人可以預知未來經濟到底會怎麼走，所有的言論都沒有絕對，身為一個凡人應該做的，就是在有能力時滿足自己的需求，其他的就不用想太多。有土斯有財，有房就有財，沒房就是空殼子一個。】**

# 肆

# 賣方觀念

## 銷售方的心情與技巧

相由心生

辦公室賣什麼

代銷・海外市場

做不動產的興趣

締結

賣方的必備作業

不動產・議價立場

樣品屋的魔力

買方的十大話術

# 相由心生。

陌生人首次相遇之時，總是敏感。
而對於客戶跟業務之間，更是如此。
要想長期做好一個銷售工作，技巧並不是最難的一件事，永保熱情的心境才是高手的真諦。
換個角度而言，我們身處第一線總是對著陌生的客戶做出很多的臆測，從對方的行為、語言、態度、行頭等等的來感知他們的看屋動機，甚至到有沒有喜歡產品，有沒有討厭自己，有沒有可以決定購買的機會。
同樣的，消費者也是會很自然的感受到業務所散發的氣息，那種來自心裡深處的想法、潛意識、情緒，都很難可以完全隱藏起來。
與其要學習那些繁瑣的銷售技術，不如好好控制自己的心態。
業務難為，因為努力不見得會成。
身負壓力，沒有業績就難以生活。
人非聖賢，每一天總是有各個不同的煩惱，有私事的，有工作的，還會面臨到許多突如其來的情緒，也會有很多心情的雜絮。
但這種種的一切，只要一句歡迎參觀，我們就必須把它們全部放下，微笑的去迎接每組客戶。
什麼事都等接完客在處理、在思考、在想辦法、在解決，若是有著接不完的客人，那就下班再說吧。
也許服務業本就該如此，也許業務賺取獎金的工作本也就該如此，但仔細思考一下，要先經營好自己呢，還是先經營好客戶呢？
記得還是學生的時候，總以為台上的老師都不會知道我們下面偷偷摸摸的在幹嘛，總好似認為可以瞞過一切。
但其實老師都知道。
同理，身為業務的你，其實客人們都可以感覺到你的「心」，因為都會寫在臉上。
也許對方不會說，但對買房子的人而言，感覺很重要。
有沒有被重視，有沒有被認同，有沒有被禮遇，都是成交細節中的環環相扣。
有想過你的私人情緒與煩惱，卻是造成你今天不會成交的原因嗎？
為什麼我們總是需要吸引力法則，為什麼我們總是要正面思考？
因為那些東西可以騙自己把心裡負面的陰霾掃去。
無論是運氣也好，還是磁場也好，還是祖宗有保佑也好。
其實只要可以把自己心中深處那些不好的東西根本地解決掉，你的臉色、相色、面色，都會讓陌生人喜歡或是帶著好感的。
你的心藏不住一切。
今天你沒有耐性，客戶肯定有所感受。

今天你沒有誠意，客戶也會很有感覺。
今天你沒有心情，客戶也會感到厭煩。
今天你心有不專，客戶也會感到無禮。
口才重要，但不是最重要。
技巧重要，但不是最重要。
經驗重要，但不是最重要。
其實要把業務工作出神入化，心最重要。
有的人天生就很會調適自己，有些人是因為現實環境後天適應而來，有些人則是被壓力擠出來的。
但無論何者，如果客戶都討厭你了，又怎會跟你買房呢？
鏡面理論在於，你從鏡子看得到對方，對方也會看得到你。
所以如果你心裡討厭眼前客戶的時候，相信我，這客人同時也正討厭著你。
每一天的歸零，不只是把成績優劣的那些成就或挫折去化。
而是要把自己的心境平如止水，把那種服務的熱情，對工作的熱愛，建立成一種真正會令自己開心的過程，如此，業績絕對不會太差。

**【每一天都需要忘記自己是誰，然後再試著想起來。也要記得自己是誰，再試著忘掉。一個發生在日出，一個發生在日落，周而復始，漸漸習慣起一種平淡的驕傲。】**

# 辦公室賣什麼。

辦公室算是比較特殊的規劃，既不是大宗需求標的，也不是一般消費者必須要購買的產品。

在不動產的銷售原則之中，小眾市場都是比較具有挑戰性的，有些產品被設定規畫出來，很多時候會產生極端的結論，不是突然異軍突起的創造神蹟，不然就是卡個十來年的慘例都有。

辦公室有別於一般住宅的觀念：基本標配建材少，所以建構成本比住家低。

公領域空間較多，所以公設比會高上不少。

既然成本低又公比高，那售價應該要比較便宜囉？

這也非事實，辦公建案通常在單價上都跟行情差不多，換言之以同區域產品比較，辦公大樓若有市場的話，賣方利潤是比住宅還要高的。

所以答案就呼之欲出了，為什麼要推辦公？

1. 在市場允許之下拉高利潤比，同等豪宅概念。
2. 跳開同區域的住家產品過多，為求競爭空間。
3. 當區具有辦公需求成長潛力，賣方長期佈局。

那麼辦公室的買方，自用者總是少數，企業集團等公司行號購買的比例是不多的，畢竟對大部分中小規模等級的資方來講，租賃會比較划算，也比較有游擊攻守反應的空間，不至於把營運現金都投入在不動產之中。

生意人寧可把現金都用來做生意才叫生意人。

除此之外，幾乎就是置產與投資者會購買而已，且這是占大多數的成交比例，所以辦公建案是一個相當吃景氣與經濟環境的產品，能短期完銷的案例在市場經驗上是不多的。

如果市場不存在投資買氣的話，賣辦公室等同在渡假，相對如果景氣很好的時候，辦公銷售速度不會比住宅還差。

住家有很多賣點，那辦公呢，又有何銷售重點？

如果賣一般住宅是一種感性的訴求。

那銷售辦公大樓就是極理性的解說。

市場的發展與供需面，必須要有相當完善的數據與功課，所有的說詞不僅要有依據，且要有條理，符合邏輯，符合歷史經驗，還要有投資的理由。

根據產品的價錢導向，自己應當了解不同投資預算的客層各自有著不同深度的認知層次與社會地位跟自主的想法，並非透過一般業務的行銷模式或話術，就能引導買單的。

買辦公做置產的客層通常是屬於閒置資金比較充裕的買家，走短線或者比較需要周轉空間的人是不會對辦公有太大的興趣，因為這種產品特性與商業套房較為類似。

以租養屋，用收租的方式來爭取增值時間。

套房是門檻低的小資包租公，收個十來年租金再賺一手價差。

辦公是門檻高的大額收租婆，隨時間與發展的稀有性賺價差。

沒人可以知道未來如何，但租金是永遠保本的，只要有賺就是賺，扣除所有成本即便只有零頭，那也還是賺。

想想歷史的進程，當初百萬套房滿街都是，如今這些資產甚至成長三倍總價的都有。

看看當時在不毛之地推預售辦公，留到現在的，價值膨脹不少的案例並非屈指可數。

加上辦公有著跟住家一個極為不同的優勢。

不動產的所有標的選擇之中，土地、店面、辦公，只要是跟住沒有直接關係的，都不太會有折舊率，也不會有老屋問題，撇除過於老舊的建築之外，這些吃地段與集市的產品，就是要賺價差，就是要賺增值。

理性的產品需要理性的過程，理性的客人會以理性來決定。

如果你不能給你的買方信心，很難成交。

如果你不能讓買家肯定方向，很難決定。

如果你無法讓買方感覺穩漲，很難信你。

如果你不能給買方被動收入，很難投資。

收租也是有供需面的，所有的一切延伸到未來，如何轉換成一種穩賺不賠的觀感，是賣辦公的重點。

將心比心，換位思考，如果你自己都願意下場購買，如果你都看好產品或區域的發展，那麼你不需要話術。

因為你講出來的一切都會給任何人滿滿的信心，即便是要試圖打槍或不認同你的人，都不會給你帶來任何影響。

【理性是專注在細節與投入大量研究的代名詞，這些內容最好是自己去尋覓及作業，這樣你會更有説服力，不要過度依賴渴望公司或主管給你的官方答案，必須要以己之力去著墨原本的白紙，結果會大不同。】

# 代銷・海外市場。

代銷公司是遊牧民族，哪裡有的打獵往哪跑。

跟仲介最大的差別就是代銷不需要特地深根某一個區域，只要聽聞哪邊有發展潛力，有的人是身先士卒，有的人是後腳跟進。

而老經驗或具有一定專業程度的同業，在陌生環境的適應性是非常快的，甚至到銷售的業務，也是如此。

時常會遇到外地跑單下來接觸的第一個建案，也就很自然地這樣賣下去了，有時還能取得不錯的成績呢。

賣房子嘛，不就大同小異囉。

區域做個功課，有空就到處繞繞逛逛，再透過與消費者的介紹，其實用不著幾個月的時間，大家就能熟稔瞭解了。

這是一種代銷精神，也算是這個職業的特異能力。

即便是遇到比自己還熟悉地區百倍的客人，我們也還是可以紮實成交。

說到底，代銷也沒有什麼選擇的餘地。

業主買地買到哪，我們就跟著到哪。

老闆接案接到哪，我們也跟著到哪。

沒有什麼人生地不熟，也沒有什麼家累包袱。

讓你拓荒你就去，要你到哪拼就必須得到哪。

不動產就是要賺錢，哪邊熱就是哪邊可以賺。

海外市場也是如此，只不過是從跨區大幅升級成跨國。

但講起來，台灣地產同業現況的海外競爭力大不如前。

也許在過去那種台商氾濫的時代，做為台灣代表到海外投資，可是一種先進，也是一種受人景仰的眼光注目，因為在外國的市場眼裡，台灣可是有錢人的象徵。

而現在陸資氾濫的國外不動產市場，台資相比起來根本是九牛之一毛不到，中國把台灣以前的那一套全部學走，還加以發揚光大，我們想到海外各地插旗做生意，多半還要內地相關人脈多多照顧提拔，得罪不起的。

只是把國共經濟戰的場地從大陸拉到了其他開發中的國家而已，所以近年代銷這個行業在海外是非常辛苦的。

能不能賺到錢，根本是個大問號。

但跑了幾千公里遠的離鄉背井，那是一種意志也是一種覺悟，怎能不掙點成就在回家呢。

於此不但付出了與國內市場脫節的代價，更在外地吃鱉悻悻然回國的例子多的是。

國際市場中打的不僅是資訊的閃電戰，更是一場比誰盾牌厚的遊戲，資本有沒有別人粗，在地人脈關係有沒有比人硬，除了正派競爭之外，也免不了更多粗魯的手段。

既然都是為了要賺錢與生存，到頭來只是看到更多的現實，又何必去賭上那一把呢，與其如此，乾脆就在國內穩定的發展就好了。

這也是大部分這個行業對海外市場的想法與看法吧。

畢竟那種可以海撈的時機也早就過去了，無論是中國還是東協，只要有華人的地方，就免不了土豪老粗的存在，那麼只剩是你想賺中國人的錢，還是被中國人坑的差別而已。

其實每一個國家都有不同的風土民情，想要短時間內征服那些我們完全不熟悉的市場，是難上加難。

而且必須如履薄冰的不能犯下任何錯誤與瑕疵意外，因為沒有可以保護你權益的政府或法律，落後國家保障的只是鈔票。沒有錢，沒有立場，只有錢才有對，沒有錢永遠都是錯。

所以好好的在台灣做好自己的專長來發展，就是最務實的決定與選擇了。

**【在海外，資本厚的人拳頭大，本不夠的人拳頭小。怎麼打呢？遊牧民族也不會選在海上來分勝負的，識時務者為俊傑也是代銷可敬可畏的精神之一，別坳。】**

# 做不動產的興趣。

相信大部分進入這領域的起初衷，都是為了收入，或是認為這個行業就是要賺大錢，似乎好像除了利益之外沒有其他的打算與想法，說來相當可悲可嘆。

什麼人會想去做仲介？

需要錢與想賺錢、或是負債、或是急缺、又或是對收入的野心。

什麼人會想去做代銷？

同上。

在無數面試的過程之中，無論是白紙一張的新鮮人，還是在求職網上的履歷自介，又或是已有經驗的業內先進。

不外乎：

薪水多少？

獎金多少？

何時發錢？

尤以完全沒有相關經驗的人們，都普遍認為要找錢就來做不動產，不然就是聽說這行很好撈。

甚至還有不少人以為今天賣房子隔天就可以領錢，因為他們每個月都需要不少現金來維持生活。

所以身為一個資方代表的職責，每每都會耗上幾個鐘頭在面試時清楚明白地告知這個行業的事實，雖然敲破不少人的幻想，但最少不會浪費彼此的時間與資源。

為什麼不動產圈如此之膚淺，金錢不就是身外物嗎？

為錢生、為錢死、為錢忙、為錢庸錄一生，不累嗎？

除了錢，其他東西都不重要。

沒有錢，不要浪費我的時間。

賺了錢，還要再賺更多的錢。

整腦錢錢錢，滿眼錢錢錢，你說還能不膚淺嗎？

把話講白了，當人只追求當下利益的時候，就會忘記其事物的深度與內涵，也會把自己成為了只是單純賺錢的機器。嘴巴出來的、彼此間交談的，全是無聊的生意與業績，無論有多少的成就，似乎滿手都只是銅臭味。

認真思考看看，做這個行業的興趣在哪裡？

是否該好好的沉澱一下心靈來探詢這問題。

也許有人會認為，沒有錢講這都空談。

也許有人會覺得，興趣這東西不值錢。

要知道一個邏輯，在人們對某些事物有好奇與關注熱情的時候，就會主動積極的去學習，於此還會相當的專心致志。

可若只是單純僅視利益程度而考量自己是否要行動，你就會錯過許多吸收黃金期，甚至很多時候要從專家或大師與前輩身上實習體驗的機會是稍縱即逝，也許往後數年來不過也就這麼一次，過了，就再也聽不到、學不到、問不到了。

而這些無形資本的累積，不一定是當下會用到的功夫，但在人們成長的過程中，遲早你都會需要將它發揚光大到完善自己的本事，可如果在這時段裡都不曾重視過，覺得無聊無趣、覺得沒意義、覺得需要用到在來問好了，那麼時間過去，你依然還是一個能力相當有限的人。

無論是仲介圈也好、代銷環境也好、建設營造業也好，在整體不動產的世界當中，有太多太多所延伸出來的東西可以學習。

每個屬性都有其不同的專業文化深度與做法，每個相關連的圓周也有非常多元的內容可以去吸收，那麼如果你懂得越廣，了解越深，是否可以解讀成未來也有較多收入的機會呢？

先求利，還是先求習。

只求利而不求習者，難登大雅之堂。

只求習而不求利者，難以功成名就。

先求利而後求習者，難有格局之勢。

先求習而後求利者，終有展翅之姿。

**【興趣是自己培養的，如果沒法讓自己對領域內的事物感到好奇，那就會浪費時間與渾渾噩噩。也許有賺到錢，但那是能力使然還是運氣造福呢？可以賺多少錢並不代表自己的水準與深度，內涵同驅才能使自己更完美。】**

# 締結。

銷售第一線，首要任務就是要讓客戶喜歡，這是每個業務都知道的事，只是怎麼做，還是會因人而異。
有人是專業解說大法。
有人是親善聊天模式。
有人是標準流程介紹。
有人是口才善辯刺激。
方式百百種，無論哪一個，只要能成交，它就是好方法。
重點是你有沒有讓消費者喜歡上房子的功力。
業務就是一個竅門，通了開了，什麼都好上手。
業務要做的好，其實也沒那麼困難，只在於有沒有用心。
以代銷的工作性質而言，大部份關於產品上的包裝基礎與銷售賣點，公司都會幫你準備好，但這並不代表你就可以沒事做。
同樣一份武功祕笈，不同人練上就是會有不一樣的效果。
所以為什麼一個場子，總是會有第一名，也會有吊車尾。
而很多時候的第一名，他依然可以維持很高比例的冠軍。
不見得全部歸納為運氣，很多時候是因為這個人的特質與工作態度、觀念、精神是符合買方所預期的。
你表現的不好，也不會全部都是無形的問題，絕大部分，是因為你沒開竅，還在摸索，還在探尋磨合。

然後最終很現實也很殘酷的一件事，這些東西都不會跟你的資歷與經驗有絕對的關係。

如果你拿出很老道的依憑，那麼你就該背負冠軍的銷量與責任，但在實際上常常都是本末倒置的矛盾結論。

接下來是有無判斷客戶喜歡的能力。

很多時候眼睛看到耳朵聽到的有限，你必須要把自己的第六感打開，如同男女初始交往一樣，把那種敏感放大到極限。

當你已確認有把握的時候，嘴巴就要敢開口問，問那些你可能不會想知道答案的問題，問那些最關鍵也最可能被拒絕的內容。

接客戶就像在談戀愛一樣，時候到了，那句話該說出口吧？

「你可以跟我交往嗎？」

賣房子介紹到最關頭時刻，感覺到了，那幾句話該問了吧？

「你有喜歡這房子嗎？」

「你今天能做決定嗎？」

如果得到答案是否定的，那就繼續努力。

如果還是一直給你拒絕，那就多做SP。

如果火還沒滅差一那腳，那就以退為進。

假若後面這些程序都沒有做好，那前面冗長又沉悶的辛苦就白費了，我們都要在那欲望之火燒最旺的時候主動出擊，也必須要把網收齊。

必要時還得在腦裡盤好棋局與策略，反應組織的邏輯要發達運作，針對臨場狀況做出最好的銷售方式，如此成交率就會高一些。

1. 讓客戶很喜歡，愛上。
2. 感覺對方的喜愛程度。
3. 不間斷的持續說服力。
4. 扮戲演角的SP功力。
5. 敢於詢問最後的重點。

越到後期的順序，需要的技巧難度就越高。

締結，通常都是銷售過程最為神聖的階段。

它決定了這場廝殺與戰役的勝負，同時也決定了你的業績，一個善於幫客戶下結論的高手，成交總是快狠準。

「不用再考慮了。」

「不用再商量了。」

「我幫你決定！！」

業務從來都不是一個雀幸的工作，我們也沒有資格去享受那種小幸福。

結果論決定著你平時功力的累積，你是渾渾噩噩的在浪費時間等月薪。

還是你正為了收入壓力戰戰兢兢，克苦克勞地不斷在進化自己的實力。

你職業的表現分數是收入為你打的，而不是周遭任何人也不是客戶更不是業主，這就是業務。

【運氣很重要，但人不可能靠運氣而活。福氣與庇祐很重要，但人不可能靠這些養家。求人不如求己，業務所要體現的是一個戰士的殺敵精神，一張桌上的競技只有技巧性的放線釣魚，沒有藉口上的種種理由，唯一沒有成交的原因只有一種，那就是你被客戶打敗了。】

## 賣方的必備作業。

知己知彼，百戰百勝，很多人都知道的一句話。
只是這個彼，到底知的是客戶，還是競爭同業？
一個不動產銷售人員，到底需要具備哪些常態考量的資訊。
以消費者的立場而言：
他們會看遍周邊所有建案來比較，所以你應該要提前針對這些個案來做分析了解。
他們會在網路上爬文與互動，所以你應該要養成隨時在網上巡邏來研討市場動向。
他們會注意跟不動產相關的即時新聞，甚至名嘴之類的內容，你也應該要多觀察。
他們會瀏覽與房地產或個案有連結的網路文章、廣告內容及彼此動態，與部落客。
以同業競爭的立場而言：
你應該要多注意對方打什麼廣告、如何策略布局、表現反應等等的總結資訊。
也應該去吸收許多建案內容上的新鮮事物，來隨時更新不一樣的不動產世界。
要多了解與認識這個行業中有關的知名人物與大師，常態做足品牌上的功課。

市場上每一個產品應該要慣性主動的去了解完善其基本內容並客觀縝密思考。

這些就是所謂的「技術指標」，對於代銷的工作時間來講，確實有很多的閒置狀態，運用這些空檔來深入這些基礎資訊，你就不會被客戶的天性給騙倒，也不會被不實訊息影響了正確的判斷。

無論是否屬於不動產的第一線，都應當盡量且充實這些事情，這樣也許可以達到真正「知己知彼」的境界。

徹底的了解市場，徹底的理解買方的立場，徹底的深入消費者對於整體環境的想法與真實的考量跟感受。

如此就能制定與設計規劃出失敗率比較低的推案策略。

也能將業務成交率拉到一個不錯的水準。

甚至可以透晰未來的可能性發展，當你對市場資訊了解到一種程度的時候，它們會交叉綜歸成一種麵包屑，一種邊撿邊看到糖果屋的概念，而這個結論，也可以為你的買方帶來信心，他們也會因此對你更放心，對產品更安心，對未來更有決心。

賣房子的業務，是成交專家，還是房市專家。

在實際的從業狀態之中，前者是比較普遍常見的，但後者就不見得了。

專家不一定業務能力就強。

業務也不一定是處處專業。

因為業務能力絕大部份的時候可以掩飾這些專業不足，是欲蓋彌彰也好，是晃點忽悠的話術也好，總之一張嘴與經驗都可以輕易的轉移掉重點。

那是否只要會賣房子，這些事情也就都不需要去關切了呢？

其實魔鬼都出在細節裡，即便你的業績拼圖已經讓你很滿意了，但永遠都不可能拼滿。

而這些辛勤的苦功，假若你願意不浪費那些拿去發呆滑手機追據打遊戲的時間，那這張拼圖就有可能盡善完美。

多多益善也就是這麼回事。

今天你多了一個好習慣，即使只有微小的影響力，累積起來就可以帶來龐大的結果。

如果平時就養成多個慣性自我充實的功課，那最終的成果更是倍數放大。

這樣就算沒有百戰百勝，上天與時間也不會虧待你的。

**【將自己所精進內涵的一切當成指標引領你的買方，你所下的任何標點都是客戶的光明燈，你主事的任何建案都是同伴們的引路燈塔。耀眼明亮的不是你業績有多美好的表象，而是那可靠的實力，這股能量有多大，就看你平常花多少時間與心血去建立起這樣的習慣基礎。這些就是我們賣方應當要注重的技術指標。】**

# 不動產・議價立場。

賺溢價的時代過去了，現在還可以悻悻然的把溢價當成是業績嗎？

溢價有兩種；超出底價的成交價差，業主漲價後的售金。

前者是現場銷售自己訂的目標，後者是不可抗拒的規範。

以前，很會賺價差的代銷公司，可以算是一種自推薦的成就履歷，代表你很會操作議價空間與拉價，讓業主也能多出些額外的收入。

現在，賺了價差反而賠了未來，因為建商會直接把後續推案的底價拉起來，你不但要承受更高的市場競爭壓力，還賺不到半毛溢價。

加上資訊爆炸與透明的便利性，所有的已購客最終都會知道自己是買貴還買便宜，不一定要等到成屋後的實價登錄，甚至在預售期買方就會以各種方式來組群，你在怎麼要求簽署保密條款，最後還是沒人會當一回事。

於此，你賺得了價差，卻失去了買方的信任品質，這是一個非常大的損失與對代銷的傷害，因為在好事不出門，壞事傳千里的時代，當信用瑕疵被當成了證據，你所操作的手法也將會被消費者公諸於世，間接令其銷售過程更越加困難。

很多買方都想知道，到底要如何跟賣方議價，怎麼買才可以是最便宜的，是否照著名嘴所講的，通通先砍個N折在開始慢慢加？

其實對於銷售方來說，我們都不想要這麼麻煩與冗長的過程，成交是唯一目的，數字根本不重要。

無論有沒有賣你比較便宜，這也不重要。

成交金額的高或低是一個很主觀的認知。

有人覺得10.1萬可以買了，又人卻覺得非要9.9萬才能買。

所以究竟是貴還是便宜，都相當因人而異，但買方要的都是一種感覺，而賣方要的是一種誠意。

一種有殺到價錢的感覺。

一種有願意決定的誠意。

兩者之間若有共鳴，那離成交就不遠了。

如果沒有共識，即便你已經端出底價，買方也不會滿意或下訂的。

議價是業務最後關頭的一門藝術。

數字並不是最後關鍵的進球重點。

對賣方來說，需要引導創造出買方的誠意，要能營造買方有感優惠的氛圍。

對買方而言，需要給予賣方認同的誠意度，要能製造出非要不可的購買慾。

如此你能得到的價格，其事實並不會特別比其他人貴，只要是平均價格的水平與樓層差異後的底價，那就是當案當時期最便宜可出售的價錢了。

一殺再殺的探底是沒有意義的。

從定價幾折後在加也沒有意義。
殺了改天再來決定更沒有意義。
團購一起買再來殺也沒有意義。

想想這個邏輯吧，你以為賣方會相信：

「你算我便宜點我不會講出去。」
「團購買便宜我們都不會講的。」
「讓我比朋友買的便宜我不講。」
「不然我簽保密條款絕不外洩。」
「算我漲價前的價我不會說的。」
「破例給我優惠方案不會公開。」

無論你拿多少的保證想用來當作殺價的那一步，賣方都不會相信這樣的論點，並非是不信任買方，而是現場沒有辦法為你一個人去冒這樣全盤的風險。

因為這最終都會產生連鎖效應引發許多不必要的麻煩，為了成交一戶房子來打破平衡規矩，那是對其他消費者的不公平。人人都想走後門，但人人走完後門都會去高調或炫耀自己無理取鬧的成功。

所以議價過程其實不需要太囉嗦繁瑣，當然這並非是每個人都可以接受的觀念，中國人買東西愛殺價是民族天性，深怕自己買貴，或是非要買得比人便宜。

但真實的案例是，在那過去資訊不透明的時代，你永遠都不會知道自己是買貴還便宜。其實你買得比較貴，但總以為自己買得是最便宜的，所以拘泥於數字其實真的沒有意義。

只要有做過行情的功課或充實看屋經驗，現在的價錢都很公平公正公開了，哪來還有什麼誰買得特別便宜的呢？

你買到的只是一種業務過程後所得到的優惠感，而非事實上的折價。

賣方所銷售的也只是一種雙面成交搓合的技術與服務，而非破底價。

會賣的業務，什麼價買方都可以認同。

不懂的業務，給了超底價業績也是差。

數字所代表的行情是市場機制所定，假若環境不好，什麼價什麼地段什麼產品，都是要辛苦撐來的。

價錢只有合理與否，沒有無限折價的道理。

產品都會有其價值，沒有殺頭賠錢的道理。

**【不要追求對砍價殺價的執著，人外有人，如果賣方可以便宜給你，就能更便宜給別人，惡性循環下就是讓自己選擇的產品更廉價罷了。凡物都有個值，買到了那個底，就相信自己的決定。議價沒有技巧可言，只有感覺與誠意。】**

# 樣品屋的魔力。

預售屋最至關重要的銷售流程，也是占據相當大比例的廣告預算與門檻。

如果建案規模太小，樣品屋與接待中心可不是你想做就能生得出來的，通常會把總廣告預算的1～1.2％的比例用做這上面的配置，假若沒有一定程度的總銷，這可是一項最奢侈的投資成本。

在買方看預售屋的時候，其實大多數人尤其首購族，對於建築圖面或其相關細節，是非常沒有概念的，甚至經過數小時的介紹講解，還是不得其門而入。

因為沒有實體，所以難以理解。

因為沒有經驗，所以難以體會。

這時普遍買方都相當依賴樣品屋的空間感，希望能從中尋得一個對於預售當案的實際認知，這個過程中也有許多的消費者也因對其沒有購買經驗而很難下決定，或者不安。

因此樣品屋也成了銷售流程中的基本配備，不僅建材展示，更要以裝潢設計與空間規劃來做為一個務必要讓人頭暈目眩、心曠神怡的魔幻世界。

它必須要很具有魅力、吸引力。

同時在業務銷售技巧上更要推波助瀾的在此把對方購買欲提升到最高點，想要、想住、想買下，有憧憬、有心動。

整段介紹裡面，最為重要也最臨門一腳的，就是樣品屋。

一個著眼於這個重點的主事者我們會把樣品屋這麼做：

1. 設計風格必須要搶眼吸睛且具特色性。
2. 大量採用玻璃與鏡面將視覺感最大化。
3. 隔間木作不會相同於實際牆壁的厚度。
4. 天花板高度具有加強放大空間的效果。
5. 必要時將總長寬面做一定限度的放大。
6. 減少櫃體與收納的配置且不會附櫃門。
7. 床體以標準雙人床做擺設且無床頭櫃。
8. 臥房及浴廁不會展示門片來擴展空間。
9. 搭配不同於實際建材鋪面來強化美感。
10. 必須取捨格局選擇時只做大不做小。

時代不比以往，現今的買方對於不動產上的相關認知比起過去，更缺乏理解力，也更難令其瞭解感受。

所以放眼現況市場，沒有樣品屋的建案銷售，就更極端加劇了收網難度，這樣的成交率可達數倍之差。

換言之，無論預算有多少，能做樣品屋的空間就千萬別省這筆費用，不然結論總是會省小虧大的尷尬。

那麼如果沒有樣品屋，又該怎麼辦呢？

1. 替代工具必須要紮實且易懂明瞭。
2. 業務要花上更多的時間耐性講解。
3. 除了產品介紹外還要更親善近人。
4. 要習慣空間展示不是唯一的賣點。
5. 建案其他各項細節要很會說故事。
6. 著眼在於買賣交易之間的信任感。
7. 把重點從大項延伸到細節裡發揮。
8. 山不轉路轉人不轉心轉要會轉念。
9. 自我心理建設去合理無樣品屋化。
10. 耐心是成交與勝利最大的捷徑。

勇於挑戰一直以來都是人類最偉大的特質，沒有樣品屋很多時候是無法抗拒的事實。但太容易銷售的案子，也意味著人人都能輕鬆成交，那麼被取代性就很高，因為不代表你很會賣，而是工具與廣告跟環境輔助相當良善。

假若能將所有各種不同個案的抗性癥結點一一克服，其實沒有樣品屋也照樣能賣，雖然速度比較起來會慢一些，但並不表示買方完全不能接受，與其等待那天上掉下來的果實，不如趁此機會去磨練並突破自己的業務能力。

**【樣品屋是可以迷幻人五感的魔術，它不是欺騙，只是順應買方的需求而設立的傳統工具，雖然造價所費不**

貲，雖然賣完就拆掉了。但它都是為了讓你能夠順利買房而存在的。一個強而有力的空間設計，無論是誰都會臣服在這種美麗又吸引人的小世界之中。】

# 買方的十大話術。

買方的攻防在於賣方的話術。

賣方的攻防也在買方的話術。

這都是建立在人性的基礎上，並非只有賣方才會使用的語言技巧。

一個是為業務銷售需求，但另外一個就是自然而然的應對結論，消費買方為了自我保護與其他目的，也就會出現其他的類似話術的溝通方式，只不過他們自己不知道罷了。

通常很多客戶都會指責業務的不老實。

但其實很多消費者自己本身就不老實。

買賣過程與行為本來就沒有是非對錯的存在，也沒必要去論及深處的來批判，嚴格來說，只有彼此間的交際觀感罷了。

不動產買方的十大話術：

1. **迴避預算**：報高不報少，免得讓你過濾我，也不想要被你看不起，預算無上限也不打緊，只要能讓我可以徹底了解你們建案的一切就行了。

也不需要幫我做產品上的設定，大中小坪數與任何總價我都可以接受，你介紹你的，不需要問我這個答案。

2. **隱瞞動機**：無論我是路過還是看到什麼廣告，重要嗎？

就是不想要被賣方拆解分析看屋動機來試探我，自住投資置產都可以，反正我是來看房子不是來給你做身家調查的，而且我跟你不熟，也不喜歡對陌生人講太多我的個人隱私。

3. **隱諱公司**：永遠沒有帶名片，永遠都是小公司。

一種不想讓人知道自身實力的低調，怕你猜到我的收入會算我很貴，怕你把我當盤子。

而且看房買房是一件私人的事情，也不希望會被賣方拿去當成口語上的廣告，所以我不會老實跟你講我在哪工作的。

4. **答非所問**：詢問所有問題的回應都是隨性與敷衍，也許沒有聽進去，也許故意裝傻亂答，就是不讓你知道我的想法。

最終結論也只有一個不變的標準答案，「我回去想想。」

即便你問我考慮什麼，也只有沉默。

即使你問我喜歡與否，都回還不錯。

即便你問我價錢感想，也是都可以。

即使你問我能否決定，我只想離開。

5. **強勢態度**：消費者是老大，當然要霸氣進場。

業務休想主導我，我也不要遵照賣方的銷售流程，更別想打算說服我，我不會也不可能聽你講那些多餘的廢話。

我偏要先看樣品屋、我就是要先看模型、我就是要跳過這一段，我不只很熟，還比你更專業，所以直接講重點。

6. **其他目的**：非購屋打算的另類行為。

有借停車吃飯的、有帶女朋友逛工地的、有借廁所的、有雞婆來幫親友看的、有來審視別人購買標的的、有來單純拿資料做功課的、有來特地找碴的、也有來借口水喝的、還有來看你房價跌了沒的，當然也有是特地慕名來找漂亮業務的。

只要不是自己需求性質的人們總是都有很多反邏輯的言行，這也是一個由厚臉皮所產製出來的話術。

7. **留假資料**：假姓假名假電話，比不留更沒水準。

不管前面你對我有多少瞭解，也無論我跟你講了些什麼，只要沒有留下我真實的資訊，不只可以防範賣方打擾我，更沒有證據可以表示我有來看過。

8. **我好喜歡**：語言上所表示的全都是對建案上正面的認同，甚至主動告知你無數次很想買、很喜歡、很有興趣，但就是不做決定。

與其說是賣方要試圖要卸除買方的心防，反而這樣的方式會讓業務更措手不及的忽略很多銷售基本動作，最聰明的喜形於色就是讓你誤會真實的感覺。

9. **議價手段**：買方莫過於最多也最厲害的話術就在於此。

借花獻佛也好，資訊上面的移花接木也罷，這也是在購屋銷售過程中最常見的狀況。

什麼人買多少，他跟我很熟，假的。

誰說可買多少，他跟我保證，假的。

對於市場上所有訊息交流的一切，只要有利自己的籌碼，就會誇張與放大，只要是不利自己的，就會自動省略。

10. **隔壁價格**：消費做同質產品的比較是很正常的，畢竟大家都說買貨要比三家才不吃虧，當然也不見得要跟你講隔壁貨比你貴的事實與真話，但若有機會我一定要魔術一下說他比你還便宜很多。

殺價都要有立基點的理由，即便那不是真的，也沒關係。

業務有句老話，「無招勝有招，見招就拆招。」

這是應對所有無論買賣方話術最有效的方法。

不需要去設定什麼套，也無需緊張還是過度情緒化。

人性所延伸出來的言行是再自然不過的定律與過程。

只要將心比心的去思考對方所有表現意圖的源頭，就會發現其邏輯所在，而魔鬼也永遠存在細節之中般的環環相扣著，如此不管你是消費者還是業務端，也都可以漸漸去體會深處的解決之道。

**【話術出自於立場，但更來自於人類的本質。買方沒有對錯，賣方也沒有是非。這樣每一方都才能保持為何會碰著面的初衷，良善且健康的，那麼離順利就不遠了。】**

伍

# 業內競則

## 關於行業制度與廣告行銷策略心得

包櫃的意義
代銷・紀律・定位
好文章不等同廣告效果
房地產VR・AR實用性
操小案的藝術
數字會說話
代銷勞資的預算比例

# 包櫃的意義。

代銷最大的成本在廣告費。

包櫃就成為了這行業以小求大與初新者的踏板目標。

也許有些人認為包櫃是穩賺不賠，低風險高報酬，雖然爆發力不比包銷來得猛烈，但不用拿錢出來賭身家似乎挺划算的。

對代銷公司而言，包櫃也代表了對該案沒有太大的把握，業主才不管你財務能力如何，只會認為你就是沒信心所以不敢包銷。

對建設公司來說，包銷是最理想的合作方式，因為一個銷售建案無論換了多少間的代銷，業主都不用出半毛廣告預算，死越多代銷廣告費就省越多，因為每一次的包案，都是重新再來過，雖然總銷會越來越少，但基礎花費依然存在。

但包櫃充其量只能說是一種策略性佈局，除了財務運用跟周轉風險的評估之外，對具有經驗與規模的代銷公司來講，包櫃也是一種客套的拒絕方式，也或者是另一種低成本培養業主的想法，但怎麼說，都不是為了賺現在的錢，而是鋪未來的路。

以包櫃做為主銷售手段與唯一生意思考的格局通常不會太大，要不請款條件很差，要不專門服務死案或餘屋，也沒有辦法主導與掌控個案走向跟廣告策略，如此收益不好時也就會想辦法從成本上來省錢，自然就無法大展身手的去極限運用在回收績效上。

而且建設公司都是現實的。

當包櫃下去還是賺不到錢想走人的時候，你的招牌就會臭掉，而同個業主也不會在用你，沒偷到雞還弄得一身腥，還不如當初不要做。

為什麼那些能持續生存並且不斷做大的代銷具有市場高度競爭力，並非因為他們招牌大，也不一定是行銷能力很好，而是每一家公司都有其你無法學習與模仿的成功之道，因為在思維的本質上就有天地之差。

代銷之專業在於厚實的經驗與務實的能力，投機者是很容易被淘汰的。

建案那麼多，總是能接得到。

但案子接回來能不能賣，那完完全全是另一回事。

熱門個案總搶不贏別人，那自己肯定有很多問題。

包櫃並非代銷公司的經營本質，也非成長茁壯之道。

包櫃是轉圜與退而求其次手段，也是磨練考驗之路。

如果把包櫃當成唯一目標，那這條路是難行難走的。

但若是新手上路，只要能夠餬口，包櫃倒是一個非常好的上手方式，可以鍛鍊經驗，探尋市場，認識人脈，跟隨業主，慢慢專注其中當時間過去之後，有朝一日也能成為巨人。

好的案子必定包銷是基本邏輯。

不好的案子無法放棄只好包櫃。

代銷的迴圈就是沒錢就包櫃，存到錢就包銷，賠錢就繼續包櫃，賺到錢再來包銷更多建案。

這是一個充滿哲學性的行業。
做大不見得都賺，做多不見得不賠，少做不見得少賺，不做也不見得不賺。
包櫃不一定穩賺，包銷也不見得大賺。
只能包櫃的人肯定輸給可以包銷的人。
別把自己定位成只做包櫃的代銷，這樣業主永遠都只會把你當成垃圾魚來專門擦屁股跟收尾而已，然而好的建案還是一樣都給一線公司來包銷。
什麼質就只能得到那些條件，不是因為業主小氣。
而是你把自己定義成三流水準，所以難進主戰場。
不要屈就自己的專業在條件上，因為我們的能力有足夠的價值來談判，總是以服務費來當作接案籌碼的人，招牌行情也就這麼低廉的定下去了。

**【包櫃的初衷是為共體時艱而來，久則成了代銷投機之道，在案多僧少的環境之中，包櫃充滿了許多機會。在案少僧多的競爭之下，包櫃是毫無競爭力。】**

# 代銷・紀律・定位。

不動產工作，不就是要賺錢嘛。
可以解讀成，不就是要撈錢嘛。
也能解釋成，不就是要發財嘛。
無論各行各業，財富取之有道，正財有正道，偏財走偏道。
有的人會吃乾抹淨，有的人會過河拆橋。
有的人是努力拼命，有的人是兢兢業業。
的確在不動產的世界之中，各自不同的人種屬性、個性，都會影響在這個職業生涯中的名聲、形象，與地位。
紀律這兩個字，很多時候是建立在基礎上。
有能力上的培養，有觀念上的育成，也有習慣上的黏著。
什麼環境通常都會養出什麼樣的人。
上樑不正，下樑很難不歪，更何況為了堵住口舌，同流合汙這種情形，也在所難免。
學壞學髒了，很正常，出汙泥不染的清流之蓮，可遇不可求，要曉得並非每個人都會著重於一個「道」字。
也許很多時候都會有著人在江湖身不由己的理由。
也或者是社會的現實必須要讓自己走險路的藉口。
但其實更難人可貴的價值在於，人窮，志不可窮。

不動產一直以來都是人生的縮影，考驗的不是其他人事物，永遠都是自己。
不該踰矩的事不能做。
不該賺的錢就不能收。
不該說的話就不可講。
做代銷如何完善這種紀律，其實也不難。
耐心，然後做好自己該做的事情。
刻苦，勤奮達成自己設好的目標。
耐勞，用盡全力充實自己的能力。
你可以聽很多的故事，無論那個是髒的還是乾淨的。
也可以看很多的人物，無論那個是黑的還是正派的。
都不該影響你自己應當成為什麼樣的人。
近朱者不見得赤，因為你覺得那個強者不是你。
近黑者不見得黑，除非你覺得學那個黑很容易。
代銷的定位，也從經營者或主事人的本質，延伸出不同的操作與銷售風格，是強勢還是中庸，是紮實還是馬虎，是專家還是輸家，都會發展出各有不同性質的公司文化。
有些買方甚至會認為說，為何要有代銷公司的存在，甚至還有些人會覺得仲介也可以不必存在。
有時也許很多不好的買賣或服務經驗造成這些人的不快，但其實這個產業就是如此，交易本身並沒有對錯，只在於你遇到的是哪些公司，哪些業務，以及哪種服務。

這個行業是以人為本的工作，以人與人之間的相處溝通為收入的職業，但不見得每個代表賣方立場的單位都可以理解這一點，買賣立場的不對等，當然也會產生出很多的誤解與嫌隙，這在第一線上所遇到的案例是層出不窮的多，不然相關糾紛就不會排名在第一位上面了。

但這個仲間者，在整個市場裡面是極其重要的存在。

假設沒有這個通路，你可能會得到十問九不知的回應，再說大部分的建商也不太願意花成本來培養銷售部門。

而如果沒有仲介，無論是你要買屋賣房，都會很辛苦也很麻煩。

所以不要把遇到的案例當成是整個市場的統括，因為這個行業之中，還有更多的是帶著誠意在服務的人。

也有為數不少是更專精於工作跟努力辛勤的人。

因為我們背著職業紀律，認真在學習與成長，也因此將自己與所代表的公司定位成一個會令你感到滿意與驕傲的業者。

**【不見得每個人都能有遇到好環境的緣份，當然也不見得每個人都有可以判別眼前環境是否好壞的能力與眼光，但我們都能做的是，好好培養自己。】**

# 好文章不等同廣告效果。

主觀，存在於每個人的既定內心之中。

好的文章，也許你總是希望它是一篇感動人心、表達理念、懷抱夢想、或著是可以細細品味的精采絕倫。

但遺憾的是，這類型的文案要求並不是消費者想看的。

它並沒有廣告效力，因為這僅只是你個人想看的東西。

商業文之所以需要商業效果，就是因為它要能貼近市場派與業務需求考量為大宗的策略思維。

目標受眾群是個直接且單純思考的動物。

如同狗看到肉包會去聞來吃，貓看到魚會抓來咬一樣意思，就是這樣簡單不過的基本行為邏輯。於此他們要的是淺顯易懂的內容，不要複雜深奧又山雲止水的文字。

你希望市場可以感受到你的美，那肯定效果奇差無比。

你希望買方可以理解到你的意，那肯定反應又慢又鈍。

因為你得要花費大量的預算與時間，才能令那些懂得的人看到，讓那些願意欣賞這種意境的人愛上，才會有明顯的反饋。

我們在建構首購產品或較為普遍的房型規劃時，必須得站在這些目標客群的心理角度與立場來切入廣告策略。

除非是品牌力較為特別的高單價設定，不然太過深邃的內涵只是讓大部份的人都看不懂而已。

廣告之於廣告，就是要有效、有反應、越極端越好、就是要夠熱、要能被整個市場所關注聞見到，這樣才叫做是「廣告」。

不然只是單純的告知、解釋、說明而已。

一針見血、一刀見骨，大膽且突破慣性。

時常賣方在執行銷售策略或計畫時，都會落入一個故步自封的迴圈；自以為自己的想法代表整個市場。

這是一種很容易將個案風險極大化的主意識。

在瞬息萬變的整體環境之中，消費者年年見異思遷，無論是對行銷手法的適應性、機警、進化，加上資訊透明與互通有無的流行趨勢，買方可不是吃素的，甚至連首購無經驗的族群，也能快速上手與反應。

假使賣方還在以過去一成不變的見解與認知去強行硬闖，最後就是落得把結論不符預期的責任全部推給第一線是你不會賣房子。

當我們在設計一整套的訊息出路時，它必須是環環相扣緊連著，是有各種中間的樂觀計畫與悲觀風險打算跟應變機制。因為沒有一個建案產品或是當下判斷是能百分百絕對成功，只能盡力而為的去降低失敗率。

但這個基礎全部都是建立在「現行」買方的消費思考邏輯上，如果只是要做一個自己堅持的廣告，或是僅是讓自己看了很滿意很舒服喜歡的企畫。那乾脆不用花這個預算，直接做好做滿放在家裡自己整天看到心滿意足就行了。

因為你想做的東西並沒有打算也不是讓消費者接收的。

這層思維的表現結果通常會天差地別。

一個是我想做什麼我做出什麼。
一個是你想要什麼我設計什麼。
前者是執己之迷拿資源去賭博。
後者是打蛇隨棍上資源放刀口。
一篇好的文章，是費神耗時的，它是寫者之精，求者之髓。
一篇好的廣告，是求業務效果，它是買者之思，賣者之收。
前者要以文字的美來表達五感之悟。
後者是要產品的實來做出俗擱大碗。

**【這文真是寫得好，我欣賞，但很可惜的是，反應並不佳。這廣告做得真棒，效果斐然，但很可惜的是，深度很有限。】**

# 房地產VR・AR實用性。

3D虛擬實境，自成功發展以來試圖廣泛運用在不動產銷售中，以軟體比實際硬體較為低廉的價格，而被考量在實戰過程中展示。

但很可惜的是，還有很多技術性的問題無法符合第一線與客戶買方的需求，畢竟購屋是這麼大的金額，只讓自己的眼睛所看到的畫面彷彿親身如臨的幻覺體驗之中，說服力比起真正的樣品屋還是有非常大的落差。

這是一個很好的工具，但能否有裸視體感目前還無法克服，總不能給一家老小都來看屋的客戶人人都得戴著那個機器才能感受空間感吧，而且還很乾。

它很新奇，但以客觀消費者的感受而言，還是無法烙印深刻那種實際的居家感。

更何況有些人還會因此身體不適、頭暈、站不穩等等，如果要使用一個可能具有負面效果的銷售工具，還要挑人，那其實是相當本末倒置的。

然而這方面的預算也是相當尷尬的。

VR的目的是取代樣品屋。

AR的目的是要取代模型。

前者兩位差距的成本會達數倍以上，後者卻沒有很大的差距，但效果上呢，虛擬跟真實，對銷售實績來講還是實在的硬體比較有幫助。

假若這方面的成本普及度還未能降低到可以做為額外輔助加分的效益，想要運作在預售屋上面，這路還很長。

有些思維也許會建立在廣告預算不足以做接待中心與樣品屋的案子，就弄店面用虛擬實境來賣房子吧。

但這工具的使用金額結下來也會大嘆一口氣。

那是否將這有限的子彈放在廣告上會更實際？

所以至今VR、AR，都還未能成為是賣方必要性建置的硬體選項，因為其定位太過尷尬。

有足夠的預算，不如做樣品屋、模型。

要二選一來說，還是做樣品屋、模型。

沒有樣品屋與模型的預算，就打廣告。

這樣的邏輯就產生了現金沒有市場的VR與AR。

要發展到很精緻的成效，VR需要的成本是相當驚人的，如果要做滿公設與所有開放空間，做滿每一個公領域的細節或每戶房子室內的擺樣，這沒有下個數百萬與一定的建置時間，還真不是人人都用得起。

加上還要為了能讓客戶使用方便，充分得到這樣的效果，還要額外花費一些機器、設備、空間等等來配合。

一來一往，倒不如做個數套樣品屋，直接又有效。

在代銷的世界裡，必要性工具是不可被刪減的。

可以增加多元化且有實質意義的輔助銷售方式。

但若那個成本是不划算的時候，難以納入採用。

如果某天這些科技運用可以更便捷實用與更便宜的話，那麼也許可以呼應未來的不動產市場需求。例如遠端網路賞屋跟行動裝置虛擬實境廣告、一鍵客變、實體樣品屋高品質的虛擬裝潢、科技展示度量衡等等，重點成本還要可以很實惠又划算，那麼也許可以占有一席之地。

**【房地產的買方大眾是全年齡的，樣品屋的存在除了是強化客戶的購買欲之外，更重要的是塑造一個實體未來的家。無論是裝潢或建材上的美侖美奐，還是設計與擺樣家具上的風格品牌，都是為了讓你的五感親臨後留下很深刻的印象，但虛擬實境，永遠只有單純的想像幻覺而已。】**

# 操小案的藝術。

代銷公司的名稱，都會有個「廣告」二字。

外界認為我們只是代理銷售建案或賣房子的工作，但其實也沒那麼單純，這個職業的精華所在是操盤，也就是行銷策略，怎樣打廣告，怎麼做曝光，越擅長於此那建案的銷售率跟速度也會成長，當然也會成了一種票房保證。

但廣告都會受到預算限制，並非隨便沒有經驗或想法亂花，就會有效果，代銷公司可以用做廣告的預算都是以建案規模大小來做設定，只能往下省，但絕不可超過。

總銷大，預算就多。

總銷小，預算就少。

許多大案操習慣的專案，突然轉小案就會手足無措。

相對小案操習慣的專案，要轉大案自然就得心應手。

大型代銷公司的預算比例通常都在2.5％以上。

小型代銷公司的預算比例都會控制在２％以下。

１億跟只有100萬的子彈能做的事情是天地之差，所以為何擅長把小案子做得成功的專案及代銷，是人中之才。

產品力自然有它熱銷的先天條件存在，但什麼人駕馭都會有著不同的結果，可以把好案子搞爛的也大有人在。

相對把爛案子搞好的成功者在實例上也是不在話下，撇除掉建案本身的可賣性，決一勝負的差異都是在廣告。

有人可以把100萬的銷售預算做到放大十倍的效果，但也有很多人是把1000萬的廣告預算成效縮減十倍的結論。

在操案上的藝術與成就，在於收支上的投報理論。

不是精於省，而是重於效，懂得檢討支出上的回饋數據，也懂得如何去作策略延伸，更要懂得如何以小搏大。

預算只要夠多夠大，什麼人都有辦法做出樂觀結果，因為它不需要技術，有錢就砸，什麼媒體都買，什麼廣告都做，全部都來最大量化，如此鋪天蓋地整個市場的訊息通通都是大案子的宣傳跟置入，這又有何技巧可言呢？

在不動產某些特定區域，又或著受景氣氛圍影響，很多時候中小型規模的建案，反而是對整體銷售上在收入與風控的平衡上是比較妥當的。案量太大的去化壓力不低，案子太小的操案難度太高，巧婦難為無米之炊，沒有預算的支援，在一流的駕馭員也英雄無用武之地。

所以在選擇個案的條件，必需為其灌注靈魂，找出最能發揮的熱點，一針見血，棒棒致命的打擊出它的銷售精華。

操盤不是SOP，更不是照本宣科的複製貼上，必須要審時度勢，了解每個時期市場的胃口，給予那種最能勾動買方味蕾、好奇、欲望甚至到飢餓、渴求、神祕來大膽刺激。

代銷本來賺的就是廣告預算投報比。

投多少成本，賣多少房子。

投多少預算，來多少客戶。

影響力在於曝光，知名度在於炒作，如果不能走入消費心理來設計行銷策略，就無法精準並妥善運用這些有限的子彈，這樣無論有多少的調度，遲早都是會花完的。

來以代銷公司做個自篩：

1. 完銷時還剩下多少廣告預算。
2. 預算花完結案還剩下多少房。
3. 總結被廣告吃掉了多少利潤。

來以個人操盤做個自篩：

1. 公司給多少預算就花光多少。
2. 平均投入支出與回饋的成效。
3. 完銷時能幫公司省多少預算。
4. 個人在案上過程預算成效比。
5. 清楚知道自己花的每一塊錢。

用不到1.5％的預算就能完銷的表現是滿分。

花足2％內的預算有不錯的成績算是及格。

超過2％以上還持續在賣的成績不甚理想。

小案子挑戰與壓縮的是執行者的能耐，磨練與制約的是在有限空間裡怎麼創造出效益，如果人人都是天才，就不會有個案表現這種事了。不動產現實的82法則，也將競爭力這樣赤裸裸的切開分界，同溫層感受到的是大家的無奈。而有足夠高度的實力者，卻沒時間思考那些背後的聲音，我們都需要為了更有生存價值的自己在努力著，無論大案小案，它考驗的都是自己的突破性，原地踏步是很容易被淘汰的。

自然去化是不需要代銷的，剛性基本需求銷售率也不需要特別操作。

代銷本質的意義就是廣告與業務，炒作與銷售手法，賣的是整體氣勢，做的是引導市場，操的是全盤大局的進程。

大案磨的是眼界與人脈。

小案練的是策略與布局。

**【好的代銷不僅會賺，更是賺得漂亮。一流的專案經理人不僅會操，更是炒得完美。每個時候都得對自己打分數，讓表現結論為自己下標點符號，它不是你炫耀的工具，而是你成長的台階。當小案子都能十拿九穩時，代表你已經準備充分了，當所有可做的案子都難不倒你時，代表你已經有基本的能力價值了。】**

# 數字會說話。

數據一直以來都是在執行工作上重要的參考依據，但每個人都有著各自不一樣的觀點，對數字上的認知與解讀都會有不同的結論。

這個行業，要盡量撇除個人好惡的雜緒，要篤信唯一的邏輯與原則；數據，數字永遠都會告訴你答案。

不要因為自己喜歡這個廠商，就忽略數字。

不要因為自己討厭這個媒體，就拋棄數字。

不要因為人情關商某個對象，就無視數字。

不要因自己不甚了解的無知，就質疑數字。

不要因為自己主觀的不願意，就鄙視數字。

在不動產業，通常分例幾派人物特質：

1. 大局為重，願意嘗新突破。
2. 保守固執，為反對而反對。
3. 著慮人情，難有進步空間。
4. 喜新厭舊，執行風險很大。
5. 謹慎細心，穩重冷靜客觀。
6. 效率務實，只相信結果論。
7. 鑽牛角尖，很難抓到重點。

8. 陳腐爛泥，占毛坑不拉屎。

9. 自以為是，主觀不聽意見。

10. 狹心而論，認人不認事。

所以同樣的數據，上述各不同的人種都會總結出不一樣方向的執行計畫，如果能客觀地從數字推論出貼近市場的真實結果，並且遵照於此去判斷未來或後市來經營行銷策略，在整體經驗上這樣做的失敗率是相當低的。

能否完善紮實呈現這個數據是一回事，可否讓關鍵人物奉行認同又是另外一回事，很多時候在組織與團隊的架構之中，不見得是沒有數字分析的能力，反而都是受限主事者的個性或風格讓這些數據結論效力大幅度打折。

每一項所發包的媒體廣告，無論是傳統的，還是數位的，都應該盡可能的去收集所有的反饋效果。

傳統廣告只能從業務親詢客戶來了解，有無謹實得看現場管理與要求。

數位廣告可從後台各項專業結論來考量，每項分類都各自有不同意義。

但不管是何種，有沒有實事求是的精神去追根究柢，耗費心血去做多重的研究與測試，在交叉總結，成效是很有差異的。

有些人因為自己有聽廣播的習慣，就會認為它有效。

有些人因為自己有看電視的習性，就會認為它有效。

以此類推，有些人都會因為自己的觀感來判斷，或是以個人感覺來下結論，並沒有實質的證據來佐以衡量市場的變化或主流，當然也就會因此浪費了許多預算或是做出了錯誤不妥的策略。

建商在規劃建案時，是依據市場的需求來設定。

代銷在規劃廣告時，也該依市場的反應來設計。

甲方也好，乙方也罷，若僅以一己之力想要市場配合或證明你的大膽想法，這是一種挑戰，也是極大的風險。

相信專業與務實分析後的數字，是種尊重，也是個明燈。

無視質疑這一切後的執意孤行，是種自大，也是個警戒。

不動產神奇的地方是這個世界每天都在轉，市場每天也都在變化，不是每一個上位者都有足夠符合為時代先驅的資格或能力，也不見得每個人都可以拿出十足的態度來面對工作。

於此個案表現天天上演，於是八二甚至到九一法則滿街都是，但紮實於數據，相信於理性上的數字，基本上風險就可以降到最低，自然基礎成功率也會上升。

**【試著相信數字所帶來的故事，它們總是會對你說話，只是在於自己願不願意去用心傾聽罷了。它們很老實，也很懇切，會在關鍵時刻警惕你，會在順遂時更用力的支持你，會透析預知些未來訊息給你，也會在不如意時給你些答案。但，你若不理它，它也就不會理你。我們不是大數據，但這個世界已經是在大數據的掌握之下了，假使不能與時漸進，那麼眼前就只剩下被市場淘汰。】**

# 代銷勞資的預算比例。

重賞之下必有勇夫，這是對於滿足業務工作者唯一動機的最佳方案，但在代銷的制度裡面，卻沒有辦法可以這麼的任性與活用，彈性也無法有太大的延伸。

也許有人會說，跑單都是被壓榨的，賺的都是老闆。

也許有人會講，代銷都是這麼小氣，賺的都是公司。

其實這也沒有是非對錯，只是立場的問題罷了，資方與勞方永遠都無法在一條水平線上在思考條件的問題。

往往當勞方成了資方之後，才會明白這中間的邏輯。

往往當資方成了勞方之後，才會有相同心情與想法。

所以沒必要去錙銖在所謂的公平與否，因為市場都存在著各項行情，若有不合理之待遇，可以選擇拒絕。

但若是大同小異，其實也不需要去做過多埋怨。

以代銷資方的立場而言，必須要思考：

1. 每家公司所承攬的建案服務費佣金不同。
2. 每間代銷的內部制度與規模文化都不同。
3. 每個團隊所執行的廣告預算比例也不同。

這三件事情，自然也都會限縮了給予跑單業務的條件。

佣收的上限越高，能給的跳%幅度就有空間。

內部的員工越多，能給的獎金幅度就有極限。

執行的預算越多，能給的待遇福利就有影響。

當某天勞方自己承包建案時，算一算財務，就會知道老闆不一定都那麼好賺，賺的也都不一定是公司占多數。

代銷也永遠是不動產裡用時間換取空間的最佳代表。

如果賣得好，賣得快，自然雞犬升天，業務的進出案周轉率也就越大，假若幾個月就能完銷個十來億，基本上當年總收入數字也會很漂亮。

但賣得不好，銷量很差，時間周期一拉長，勞資雙方等同是共體時艱，但現實總是很殘酷，現在的體制沒有公司可以綁住跑單，妳可以選擇說走就走，若是如此，獎金條件在高，也沒太大的意義。

以業務的角度來切入，在重賞的背後也伴隨著高壓的風險，不是每個人都能適應，也不是每個制度都有辦法完美無缺，講直白點，這些都是數字遊戲。

舉個例子；來設定一個超高獎金的遊戲規則。

那麼可能會有以下限制。

銷售獎金1％到底，100％個獎。

1. 底薪降低，因為要截長補短不無小補。
2. 休假減少，因為要減少人力基礎成本。
3. 高壓規則，表現不佳隨時都會被換掉。
4. 軍事管理，強迫擠出每個業務的極限。

於此可能就會有很多人認為，這種場給我賺再多我都不要待，不想也不願意。

所以人性盲點在於，多數勞方對於體制上的要求，都是要馬兒好又要馬不吃草，跟那些買房子的客人是一樣的。

我想要便宜，同時我也要完全沒有缺點或抗性的房子。

獎金提高，就會縮減掉符合勞方基本需求的妥善平衡。

獎金符合行情，也能將所有的軟性條件控制在水準線。

時代不同了，如今服務與傳產業都出現了許多年紀上的斷層，如何保持職場能是一個好的環境、幸福企業、人性化管理，都是每個業務、跑單、工作人員所期待的。

那種過去式的高壓轟炸、罵到體無完膚、釘在牆上的羞辱、上不完的課、做不完的訓練與演練，這些都已經不存在於市場上了，因為承前述；給我在好的條件我都不要。

用現在與以前來做個比較，看哪個公司賺得比較多：

1. 底薪：以前極少，到少，到現在很多。
2. 獎金：以前沒保障到現在比例也調高。
3. 現場：以前職場壓力比現在大非常多。
4. 制度：以前基本規範比現在嚴苛異常。
5. 自由：以前沒智慧手機現在方便快速。
6. 工具：以前輔銷資料單調現在科技化。
7. 應酬：以前強制配合現在隨個人意願。

8. 發錢：以前會被耍賴現在照規矩執行。

9. 誠信：以前大魚吃小魚現在小魚當道。

10. 福利：以前9到9休得少現在人性化。

這些差異，已經有很大的進步與不一樣了，或許並非每個人在過去的歷史經驗上都是坎坷的，但不代表自己所遇到的幸運能囊括整個勞資市場的不平等，尤其在中部的代銷生態之中，很多在現今聽起來不可置信的荒唐無恥之事到處都有，也非一時的祕密了，但為了生存與賺錢，小魚們也總是鼻子摸摸的算了，也不能怎麼樣。

哪有現在的網路平台可以討公道？

哪有現在的資訊普及可以做申訴？

哪有現在的雲端交際可以做廣播？

業務跑單之於代銷公司，就是小魚。

代銷公司之於建設公司，也是小魚。

當上游大魚啃食下來後，都是循環。

每個產業的勞方，都會覺得資方在壓榨。

每個產業的資方，也會覺得勞方很好過。

所以不要把這件事情去論諸於是非對錯，那是不公平的。

身為業務，若能對其能力很有信心，假設如此，那麼談判的技巧應該也不會太差，自然可以爭取到相符合於自己想要的條件，但如果無法以自身的產值來佐以配合高額的獎金比例，那對得起自己的擔保嗎？

【凡事客觀，是需要點無私的態度，因為只要有種為己之利的動機或想法，就會成為主觀。當是如此，就會被自己的無知或愚昧給蒙蔽事實。對雙邊都必須要有一定程度的了解或經驗，不是自己想像的了解，也不是自以為是的經驗，常保客觀，失敗率就會降低，人生之路也比較容易可以順遂。】

# 陸

# 職業心苦談

## 不動產從業圈的酸甜苦辣

代銷好做也不好做

女專的前途

丁丁？

仲介的甘苦人生

# 代銷好做也不好做。

代銷的業主，百分百都是建設公司。
在經營代銷的過程中，很多消費者、客戶、買方、外界，普遍認為這個工作都很好賺，甚至連不動產周邊相關同業似乎也都會這樣覺得。

但其實代銷多半是九年磨一劍，時來運轉時爆發就是一個關鍵點，沉潛低熬時，也沒人可以體會你的辛苦。

當我們賣得好的時候，業主不是認為給你賣得太便宜就是自己蓋得很棒。當我們賣不好的時候，就是你不會賣。

做代銷，永遠都是結果論，成績定英雄，沒有失敗的理由與藉口，也不能有賣不好的原因。

但市場不可能有一面倒的趨勢，即便是熱絡的景氣環境之下，也不代表每個案子都有絕對的成功率。

可若沒有正面或業主滿意的結論，就很難再持續經營下去，換代銷當然也是習以為常的事情，賠錢退場也就不在話下了。

代銷公司同時也是需要較高門檻的資本投入。

想要執行比較具有指標性的大案，沒有三兩三，也不可能接得到。

對於仲介而言，開家店不過200萬。

對於代銷而言，做件10億案卻要準備個2000萬。

前期的投入資金甚鉅，能不能回本除了能力之外還要看天吃飯，若剛好遇到突如其來的環境天災驟變，就會瞬間賠個血本無歸。

有人也許會說，代銷是一個周轉率很高的生意，但那得常態都能保持有業績不斷的情況下是如此，在那些不好銷售或是小眾與豪宅的建案，可是會搞死好幾個代銷公司的。

與此同時，為了培養可能會成長壯大的業主，早前的合作也必須吸納那些燙手山芋，硬著頭皮賠了錢也要坳下去的概念堅持，只為了能夠牢牢綁住建商的情感與道義。

在不動產的盛與衰之間，代銷壓力如同滾燙鍋蓋上的螞蟻。

盛之時，擔心接不到一線個案，但錯過也許要再等十年。

衰之時，擔心手上接太多建案，就是差之毫釐失之千里。

所以有經驗的代銷老手，總是有著靈敏的市場嗅覺。

及具有規模的代銷公司，也會特別開立市場研展部。

為的是對未來經濟環境變化的可能性做出預判與經營策略的走向，也是希望能夠在最低的風險承受範圍內賺取最大的獲利。

代銷要學習的層面廣泛且複雜，壓力甚大，當公司面臨著即將要賠錢或滯銷的窘境時，那種心情上的煎熬就像等待解套的水餃股去期待每一周的進展。

這樣的職業也必須伴隨著超長的工時，只要在案上，工作永遠最大，沒有連休、沒有特休、沒有加班費、沒有可以爭取的空間、沒有抱怨公平的條件。

只有責任、業績、目標、進度，然後不斷的循環下去。
機運來時，就能讓你請個幾億的款。
普通平時，年年餬口度日滿街都是。
代銷好做，是因為在有條件之下，它可以暴利。
沒有天時、地利、人合的完美組合是碰不著的，可遇不可求，百裡選一。
代銷不好做，是因為這是必須具備更多元能力上的整合與準備。
有能力不見得有業主。
有業主不見得有金主。
有金主不見得有能力。
能力、業主、金主，都擁有了還要有團隊，有戰力，有產值，同時還要永保自己都在市場上。因為景氣不是你我說得算，也沒人能知道什麼時候經濟環境會大好或大壞，只有常態備戰，才有機會可以搭上順風車。那種等風來才上線開機的心態是永遠賺不到大錢的，最起碼在這現實的不動產環境之中，勝利永遠是留給準備好的人。
如果你正在這個行業圈中打滾，僅記這樣的邏輯：
在代銷的世界裡，除非你做老闆，否則永遠都是蠅頭小利。
跑單也好、銷售也好、主管也好，無論是掛上獎金、薪資、股金，你的收入都比不上你的老闆，尤以大營業額的公司，更顯如此。
所以假若你想發大財或有很極致的企圖心，這就是你在這圈內的終極目標，「開代銷公司。」

除非你想勞力一生，不然你就好好煎熬於眼前的工作。

因為你老闆所承受的，永遠比你想像的還要多。

在收穫的背後，同時也要承擔更多不為人知的辛酸，這也是天將降大任於斯人也的結論。

當你還不夠資格時，並非你缺乏了比別人還少的資源，而是你還沒準備好。

「當你自以為準備好時，那肯定都是假的。當別人都認為你都已經準備好時，那就有一點是真的了。」

**【代銷能賺得多，是因為我們曾經對未來的問號而火裡來、浪裡去的拼命奮鬥，但即便如此，也並不保證那肯定會賺，這也還只是百裡挑一罷了。】**

# 女專的前途。

曾經有個在職者問了我這樣的問題。

「女專」，是代銷公司的獨有職別，顧名思義，都是女性。而工作內容不外乎就是行政、祕書、打雜、有的還兼會計或進出帳管理。

就是一個很普遍的上班族。

當然女專是不會與業務行為有接觸的，所以收入比起銷售，就是很單純的領薪水而已。

是後勤，也是支援性質，有的也會負責協助簽約或製作買賣合約書。

從另一個角度來講，女專也是最清楚了解一家代銷公司所有祕密的人，因為所有內部細節的資料都由她來整理統籌製作。甚至到財務與個案的各項實質收支。

所以我就這麼建議與回應：

前途與未來的期待，無論你是在什麼工作崗位，當你想得到更有價值的位子，必須先思考自己的企圖心在什麼程度。

如果僅是隨遇而安的態度，或是得過且過的心情，那不管妳做何工作，都很難會有理想的出路。

在我們要尋求突破以前，必須對自己與當下手邊可運用的資源做個檢視與優缺點評估，再來客觀理性的分析，最後嚴格執行。

在代銷的世界之中，男女就是很有別，鮮少有女性的主管與高階主事者。即便有，通常管理與經營問題也會比較多一些，所以要在這個環境中脫穎而出，就必須要「善學。」

沒有任何人有義務要教妳，想要吸收，就得多問。

沒有任何人有責任要帶妳，想會更多，就得偷學。

既然女專工作是能了解整體代銷運作的過程，那麼你也可以從這些資料裡面找出這個行業的各種答案，匯整成一套流程，如此就能知道公司成功的祕訣。

同時也有許多時間接觸到相關主管階層，必須把握這些機會去揣摩他們是如何解決問題與運籌帷幄。

若有在線上及案場的時候，也能多多觀察業務銷售的技巧，不懂就多問，不了解就多請教，直到融會貫通。

學與悟的技巧在於自己臉皮厚的程度，這個行業中什麼都不好意思的人是很難進步跟突破的。

當人們慢慢看到你的存在價值，當妳漸漸有表現機會的時候，當妳已經準備好的時候，就請你大膽提出自己的想法與要求來爭取更有發揮空間的位子。

一次不成，再來一次。再不成，再來幾次。

只要企圖心旺盛，只要耐心與毅力都充足。

有志者事必竟成，有能者條條道路通羅馬。

請不要認為「女專」是完全沒有任何機會升遷的。

比起跑單業務，女專的跳板條件反而是比較高的。

除非你從頭到尾，都只把自己當作是一個打雜的。

不動產要做得紮實，必須從基層開始鍛鍊。
越沒有人性的制度，成長與吸收步伐越快。
越沒有溫暖的競爭，成就專長領域則越深。
越刻苦的不斷煎熬，未來職業路就越回甘。
雖然這已不是現代經營環境之道，但你必須這麼要求自己，不能靠著公司的快樂溫床來享受小雀幸。
要懂得把自己逼死。
要懂得把自己壓縮。
要懂得讓自己進步。
要懂得攘自己突破。
現實的一切總是可以給你最現實的答案。
如果你安逸自我，未來只會給你一個最安逸的位子。
如果你不斷茁壯，未來也會給你一個有價值的位子。
如何從茫茫人海中脫穎而出，你必須為下個十年後的自己來布局、安排、打算，今年做的努力，比起以後的回饋，這些滿滿的辛勤與勞苦，都不算什麼。
女權當道的時代，沒有重男輕女，只有產值效應。

**【自己的問題，就應該多丟回問自己。如果你是老闆，埋沒人才是主事者最大的失敗，但如果你不是人才，埋沒你只是剛剛好而已。】**

# 丁丁？

創作這個文章平台，並沒有太多的想法與動機。

對於以後是否要商業化或營利，個人設限的條件門檻很高，如同臉書剛創辦初期，是堅持不做廣告的。

不動產，是個非常小眾的市場，既不是大宗商品，其相關內容又多乏善可陳的無趣。太過專業，沒人看得懂，太過嘮叨，又沒人想看，太過極端，又會有失公評。

要寫出一個沒有立場，又客觀易懂且能被廣泛接受的內容，是一件需要耗費大量時間心血的結論，如果受限於收費，那包袱也未免太多，創意是不能被買下的。

因不希望自己所發展的相關議題會受到干涉，所以我既不是代表某一方的寫手，也不做任何建案的置入，當然更不是專屬於某一單位或其公司的代表。

丁丁是一個自由的業餘興趣創作者。

如此就能維持文章與平台上具有一定的水平與風格，並且不會受到任何擠壓而有更多元的延伸空間，更重要的是為了往後可以有更精采的內容來分享給各位。路想要走得長，短視是其大忌，這個粉專未來也不會以商業化的考量來做經營，當然更無須去配合任何人。

堅持每日貼文，跟隨著自己工作的時間，空閒時就來思考這些主題，當然靈感總是有限，所以有將近三分之一的議題是讀者提供投稿。

無論是有多難延伸的問題，都會去絞盡腦汁來盡善盡美，也許它並不是那麼受歡迎，也許它無法令人感到有興趣。

但因為必須要尊重所有投問者的感受，至今目前為止，還沒拒絕過任何要求，這是一種務實態度，也是一種對自己的交代與敬業原則。

這需要求什麼利嗎？

這需要對誰負責嗎？

只要你沒收費，就沒有誰是老大的問題。

只要堅持品質，就沒有是非立場的問題。

當然做為一個職業經驗者在做分享的時候，沒有百分百的正或反面的看法，也不會有一面倒的支持，總是有著認同與伴隨在後的批評。

但這是一件值得珍惜的好事，因為可以從過程中檢討來深入更廣與更多層面的市場看法，在著作下一篇文章的時候，也許能更完美。

不做任何主觀的建議，只給予自己所知的內容。

不做任何建商的廣告，只分享自己所有的經驗。

不做任何賣方的打手，只論述自己走過的心得。

不做任何買方的擔保，只講解自己客觀的想法。

中庸之道才是長保處事與生存的根基。
如果不能保持中立，又如何能取信於雙方呢？
把每一個賣方都當作買方，把每一個買方都當作賣方。
也許這種經營的方式會有很多陣痛期，但只要平常心去看待爾後種種的一切，時間總是會給予自己證明與答案。
遇到可以有壓縮與自我挑戰的機會，就不要輕易放過或逃避，試圖克服原本會抗拒的任務，慢慢習慣了，能做的事情自然也就會變多元，如此洗禮之後，獨特的唯一性就會漸漸地被市場注意到。
不需要特別包裝自己。
不需要特別假飾自己。
真切不隱藏的讓人們看到你，往往可以事半功倍。
著重高調行銷的形象撐不久，最後總會事倍功半。
做代銷，很辛苦。
做仲介，也很辛苦。
做建設營造，更辛苦。
但有哪個行業不辛苦的呢？
有哪個人是輕鬆賺錢的呢？
包含著市場買方各個士農工商，哪一個是不辛苦的呢？
賣房子的，買房子的，每一個都是戰戰兢兢在努力著。

賣方不一定要執著於市場必多。
買方也不用要拘泥於市場必空。
各自立場若能保持著中間客觀的態度在行事，一切就都自會比較順心順遂，而丁丁只不過是推動這個理念的小小角色與齒輪罷了。

**【忽略自己的存在感，認真且努力的在堅持著對的事情，時間自然會給予其本質價值。自由且不受約束地做著自己想做的事，去精實它，皇天也總不會辜負苦心人的。】**

# 仲介的甘苦人生。

在台灣，消費者普遍都對房仲沒有太多好感，一方面覺得他們服務費太好賺，一方面是在經驗上都有過不太好的感受，可買方卻不太能深入理解，這個行業的心酸在哪裡。

大多仲介的收入制度，都是高獎金的方式，除了信義或及其少數的普專有底薪之外，其他都沒有固定的薪水，換言之在這種工作性質上，是沒有基本保障的，完全是吃老本的在拼業績，都是靠傭金在過生活的。

然而在這樣的高壓環境之下，以業務能力做為唯一的生存手段，等同有賣房子還可以維持，長期沒有成交就要坐吃山空喝西北風了。

在代銷，底薪可以保本最基本的個人生活開銷。

在仲介，沒有薪水可能連下一餐在哪都是煩惱。

這兩者之間的職業屬性與文化、流程、銷售方式，完全截然的不同，也因此同是賣房子，卻是不一樣的生存模式。

代銷，是固定在一個地點，只賣一個被包裝過的產品。

仲介，是東奔西跑的介紹，是賣很多種不同的中古屋。

代銷，業務賣一戶，那業績就是你個人的。

仲介，業務賣一戶，獎金有分開發與銷售。

風吹雨淋、客戶放鳥、同業攔截、廣告費自付、與買方的交際成本、個人形象的經營費用，是完全沒有任何後盾支援與贊助的，一切有無形的付出，都不見得會有回收。

有人可以一個月花數萬廣告費，也沒成交半間。

有人可以一年花數十萬的禮盒，也難保能回本。

但不做這些付出，就一點機會都沒有。

若無成交的業績，生活壓力就會很大。

也許你可能有遇到不好的房仲經驗。

也許你可能也有過不實被騙的曾經。

但不代表所有的仲介都會有此一著，畢竟在這個行業裡，淘汰與人流率很快也很高，入行門檻又低。真正的生存者與高手、老手，不僅有自己服務的一套，更有著屬於這在領域的專業。當然在有買賣中古的需求時，仲介也是唯一的大眾通路，厲害的房仲可以為買方解決很多問題，時機好時也能幫客戶賺不少錢，景氣差時還能堅持為你服務。所以要找對人，而非一竿打翻整個行業圈。

很多時候，認真又努力的仲介業務，為買賣方的負責與用心，是會令人感動的，基本上與房子有關的一切都要會。

甚至是幫你清潔到比自己家裡還乾淨、各種廣告招攬、水電修繕、油漆整理、協助處理屋況，甚至為了賣相好來想盡辦法令房子的缺失減少到最低，也會為了客戶去處理那些不動產買賣上可能性的麻煩事。

在一個職業正當性來看，服務費不應該嫌多，而是從中去思考消費者在這上面取得了什麼好處，若沒有仲介，你有辦法靠一己之力來解決這些問題嗎？

更甚者他們還可以幫你把房價拉高。

該賺的，就要給人賺，不該砍的，也別砍，貪小便宜大不幸。因為買方真的很難知道這些不動產業者為了在這行打滾，歷經了多少苦難，懂得奮鬥的基層業務，有不少是埋首精實的在調整態度與勤勉的在學習請益的呢。

究竟是被仲介愚弄的買方多呢？

還是被消費者愚弄的仲介多呢？

這其實還不得而知呢，也許你是一個有水準的好客人，但你也是會遇到有素質的好仲介。

每天灰頭土臉的風吹又日曬，結果約看房的爽約。

每次誠心誠意的老實又交心，結果是真心換絕情。

每趟不厭其煩的看屋在看屋，結果是找別人來買。

每個耐性十足的在回覆問題，結果是謝謝再聯絡。

每當用盡全力的在踏實服務，結果是被當作應該。

每筆拼了老命的在成交買賣，結果是被砍服務費。

每個行業都有它心苦的那一面，每個職業與工作也都有其心酸的背後，遇到不順遂之事也沒什麼好怨嘆的，只是很多時候，身為不動產的第一線僅是乞求一個很簡單的尊重與禮貌而已，不過是人人都會的「請、謝謝、對不起。」

【值得欽佩的仲介從業人員，的確也有不凡於他人的技巧與方法。但厲害的是，他們懂得去調適自己的情緒與心理素質，堅強不說，更多的是正面與樂觀，積極進取，面對現實，挑戰無限的自我。】

# 柒

# 自我審視

## 自己與鏡子之間的對話祕密

不動產的自律自訓
認輸・服輸
代銷人的30個忠告
不動產・路與道
面對低潮

## 不動產的自律自訓。

**沉穩：**

1. 不隨便顯露自己的情緒，勿喜形於色。
2. 不逢人就訴說自己的困難與遭遇。
3. 不在徵詢他人意見之前就先講出自己的想法。
4. 不要一有機會就嘮叨抱怨自己的不滿。
5. 重要的決定盡量先與人商量，也別馬上執行。
6. 講話走路隨時都不要有任何的慌張。
7. 要有自信，但別忽略其他人的想法。
8. 人無高低貴賤，對人對事，謹記禮貌倫理，你沒有比任何人優秀。

**細心：**

1. 對身邊發生的事情，常思考它們的因果關係。
2. 對做不到位的問題，要發掘它們的根本癥結。
3. 對習以為常的做事方法，要有改進或優化的建議。
4. 做任何事情都要養成有條不紊和井然有序的習慣。
5. 經常去找尋幾個別人看不出來的毛病或瑕疵。
6. 自己要隨時隨地對有所不足的地方補位充實。

膽識：

1. 不要常用缺乏自信的詞句。
2. 不要常反悔，也別輕易推翻已經決定的事。
3. 在眾人爭執不休時，要有主見。
4. 整體氛圍低落時，要樂觀、正面。
5. 做任何事情都要用心，因為有人正在看著你。
6. 事情不順的時候，重整態勢尋求突破，即便結束也要乾淨利落。

大度：

1. 不要刻意把有可能是夥伴的人變成對手。
2. 對別人的小過失、小錯誤不要斤斤計較。
3. 金錢上要大方，學習三施之智不求反饋。
4. 不要有對權力上的傲慢與跟知識的偏見。
5. 任何成果和成就都應隨喜善和他人分享。

誠信：

1. 做不到的事情不要說，說了就要努力做到。
2. 虛的口號或標語不要常掛嘴上。
3. 拒絕一切不道德不應當的手段。
4. 要弄自以為是的小聰明要不得。

**擔當：**

1. 檢討任何過失的時候，先從自身開始反省。
2. 事情結束後，先審查過錯，再論列功賞勞。
3. 一個計劃要周全必須統籌全局，規劃未來。
4. 勇於承擔責任所造成的損失也不逃避檢討。

**內涵：**

1. 學習各方面的知識，虛心觀察周圍的事物，眼界寬闊。
2. 了解自己，培養屬於自己的審美觀與欣賞的水準。
3. 笑對生活，拒絕懶惰，養成健康知足的生活習慣。
4. 不要盲目的做任何沒有意義的事更要有人生目標。
5. 不僅只關注外在美，內在美才是重要的無形資產。
6. 不要浪費時間沉迷在對自己沒有幫助的娛樂消費。
7. 要對所有事都能理智客觀的判斷並學會控制情緒。

**【說易行難，講的都很簡單，做到卻需要突破很多的瓶頸與不願意，能控制並真正瞭解自己的人才是處世高手。】**

# 認輸．服輸。

輸贏一直存在於人性之中，也很難完全消失在人的個性之中，一個積極有企圖心的人，更難無視這兩個字。

輸是什麼，贏又是什麼，很多時候這兩者之間的定義，又是表面，又是裏子，有的人只看表面上的勝利，也只在乎於形式上的贏面，有的人卻能看清真正的贏家意義為何。

在經濟上、社會上，只要是有人的存在，有人與人之間的相處與交際往來，輸贏就難免會深植在每個人的心中，對很多人而言，這也是種貢獻程度與存在價值的證明。

同儕相忌、同事相怨，職場較勁、成績優劣，甚至在親朋好友之間，這些種種無數的一切都要分勝負，不是很累嗎？

在介紹桌上，客人們雖然不一定有感自己在與賣方分高低，但莫名的卻也會有這種潛意識行為。

似乎砍價成功，就是勝利。

好像要求達標，就是贏家。

當然業務也會有勝負心，客戶成交時就是一種勝利，把難搞的買方處理妥當，也是一種贏。

好像在我們生活周遭的一切不知不覺都會感染上這種非輸既贏，非贏就輸的氣息，但究竟為何，其實也說不上來。

就是不想輸，就是不喜歡輸，就是不要那種輸的感覺。

「比較」，也成了一種習慣。

我比你好，你比我差，我比你差，你比我好。

不比難過，比了傷心，不比不爽，贏又如何。

認輸，是一種智慧。

服輸，是一種哲學。

勝負心可以推動人們的競爭意識，強化對進步的渴望，可在很多時候這又會腐蝕心智，令人過度執著於勝負之中。

或是自我優越沉溺在贏家的感覺。

還是陷入自卑在輸家的低沉之中。

其實平常心，是一種難能可貴的自律。

要忠實的對贏這件事放下，也要真正的去忽略輸的感覺，徹底完全的忘記勝負之心，也是一種自我修為。

自以為是的贏家總是以自己的角度來認定得來的勝利。

不甘示弱的輸家也總想以反擊來爭取自己輸掉的籌碼。

其實在低下位階者，很多時候卻可以眼清目明的看到一些真實。試著享受一種弱者的感覺，至少敵人不會那麼多。

不服輸的人是很難可以真正開心的，這世界沒有永遠的勝利者，無論你有多麼優秀，多麼有價值有成就，但若凡事執著於都要贏，很容易焦慮、擔憂、恐慌，最後進入不好的循環迴圈，導致滿腦子想的都是不準輸。

反倒是天真無邪單純的心靈，既容易感到知足，也不會輕易陷入哀愁，也能富足於那種簡單的幸福與快樂，自然行事就會順遂，人緣交際也會好起來。

輸贏是一種雙向的氣息，當你有著這樣想法的時候，就會散發出某種尖銳感，逼迫著周遭或面前的人們也想跟你競爭。

但若你收斂起這種帶刺的武裝，就會瞬間突然變成一個好相處、沒心機的人。

遇到總是要跟你比較與分高下的人，就認輸吧。

把勝利讓給他，因為我們的人生不是因他而活，地球也不是只為贏家而轉。

喜愛做贏家的人卻會因此感到開心，那麼就讓他開心吧，我們只要專心低頭做好自己的事情就行了。

遇到真正的高手，我們要懂得服輸，如此才能以欣賞的眼光來客觀看待這樣優秀的人，因為我們要從他身上學到更多，我們要跟隨強者之強來令自己更有所成長。

這樣的心情，甚至可以結交認識更多的先進前輩，也更容易從這樣的互動之中得到指教。

追求贏不是唯一勝利之道，為了贏而活，實在太累。

享受輸是另一種潛心之路，為了己而過，要多自省。

**【我們都很辛苦的過著自以為自己想過的生活與日子，卻忘記人生的真諦。放下輸贏勝負的那一刻開始，漸漸感到晴朗。】**

# 代銷人的30個忠告。

忠告1：從一而終是一種精神，由淺入深是一種態度，沒有滿意的發展與收穫絕對不是別人的問題。

入行不難，轉行很難；很多人在不動產上沒賺到錢，混不下去而轉行，說來也怪，轉來轉去，最後又回來了。

忠告2：吃苦當吃補，在這個圈子裡你只是大海中的一根針。

新人難熬，菜鳥難賺；萬丈高樓平地起，每一個前輩都是撐過來的，沒有能力之前，別想著收入。

忠告3：任何環境都沒有天職的師傅，引你進門的人也沒有義務要教會你本事，所有高手的功夫百分百都是靠自己練來的。

沒人教育，沒人帶領；學習從來就都不是件被動的事。

忠告4：內斂如寶劍藏鞘，知恩圖報，彬彬有禮。

有權大頭，有勢跋扈；不動產的常見通病，在浪頭上時往往已然忘了當初支持你的人是誰。

忠告5：現實的人最終將會受到最現實的回饋。

見錢眼開，不擇手段；利益化的工作抹滅了初衷。

忠告6：見賢思齊焉，見不賢內自省也。

妒才忌長，憤恨不平；見不得人好，所有比你優秀的同儕都是你的眼中釘。

忠告7：實事求是，腳踏實地，為自己所說的話負責，也為自己的真實處世。

舌燦蓮花，表裡不一；面具總是忘了拿下，活在表面之中，說得滿腹好經，卻難成半件好事。

忠告8：歸零可以讓自己看清楚所有事，換位思考的習慣更能了解他人是如何看待自己的。

咄咄逼人，目中無人；過度的自信令自己盲目且狂傲，自以為是的態度驕縱而蠻橫。

忠告9：生於憂患，無時無刻都帶著危機意識去計畫下一步，隨時檢視自己的產值，認清與培養自己的價值。

養尊處優，死於安樂；過於安逸沒有成長進步的動力，隨著時間磨耗掉自己的競爭力。

忠告10：強者之強多半不在表象，而是內心精神意志上的堅強，他們樂觀看待所有事，也坦然面對所有挑戰。

把壓力當做成長的食糧，把不順當成進步的泉源。

玻璃心態，抗壓不足；常憂鬱過度悲觀與哀愁，任何的壓力都使情緒崩潰。

忠告11：努力不見得有回報，但不努力什麼都沒有。

這是最貼近於不動產的現實寫照，若沒有心理準備的話，會徒然浪費許多時間。

忠告12：所有的客戶都是寶。

即使是一個難搞的超級奧客，除非他沒錢，否則都無法預判到底是否會買。

忠告13：保持良善的心做一個善良的人。

別讓職業生態與環境改變了你的個性，即使發生了許多令你失望的事，也別忘了人性本善。

忠告14：對自己誠實，也對周遭環境的一切老實。

打從心裡去放下那些永遠用不完的劇本。
忠告15：做得久不代表做得好，經驗老不代表本事屌。
倚老賣老只會使得自己成為時代之淚。
忠告16：尊重自己的工作，敬業是個美德。
食君之祿就必須得擔君之憂，只要還在職場上的一天，你就是那一天的和尚。
忠告17：活到老學到老。
地球不會停止運轉，時間不會為你停下，過去的榮耀就讓它停留在過去，跟著世界與市場的步伐走出不同世代的驕傲。
忠告18：傳統是基礎的根基。
我們不忘本，但絕不愚忠。複製成功的經驗是害怕失敗的懦弱行為，勇於開創新的道路，挑戰不同的嘗試。
忠告19：知足常樂，有收就是賺，有賺就是福。
大賺小賺都一樣，不強求暴利，不嫌棄小利，有時賺了現在反而賠了未來，有時賠了利潤卻賺到更多無形的好處。
忠告20：江湖在走，求知欲要有。
無知沒有極限，但人總以此愛現。
忠告21：妥善珍惜得來不易的財富。
每一塊錢都是自己一點一滴辛苦而來的，揮霍永遠無法為你帶來完好的人生。
忠告22：做人不是逢迎拍馬，關係也不是阿諛奉承。

體貼重視與真正的關心才是交際正道，不吝嗇自己的付出，道義總是有來有往，值得的人就深交，不值得的人就點頭之交。

忠告23：做任何事不先求多少的報酬。

能做事就是一種福氣，多做不會少塊肉，不是不報，只是時候還沒到。人行的一切天都在看，即便上蒼無眼也不能讓自己是個瞎了。

忠告24：言多必失，人多嘴雜。

任何人的好壞都不關自己的事，很多無謂的麻煩都是來自於話多，人言可畏，所有道人之短聽聽就好，絕不從自己的口中出來。

忠告25：禮多人不怪，無禮才奇怪。

涵養始於禮，好話多說，好事多做，自然就會順遂。

忠告26：眼不可高，手可以低。

懂得尊重每一個也許看起來並不是那麼起眼的對象，他可能是任何人或是你的客戶，你怎麼看人，人也就怎麼看你。

忠告27：信用無價，言出必行。

做不到的事不要隨便允諾，即便那是個小事。看人看誠信，人無信在有錢在有地位，都無法交心。

忠告28：善於培養自己額外的興趣。

懂得利用時間，也懂得去投資自己，而不著重在於那些表面浮華與奢侈。

忠告29：專業之人必有所失，因為投入的太多。

如果你覺得自己還不夠專業，就代表投入的不夠多，這種能力不是天賦，而是後天的努力。

忠告30：人外有人，天外有天。

無論你有多麼優秀，永遠都還有比你更強的人存在，永保切記自己的渺小，每一個稱讚你的人，多半是客套話，當真那些言語就輸了。

**【一張白紙到寫上滿滿的墨水，不僅是時間與經歷的象徵，而是需要更多不為人知的努力與辛苦，致敬那些勞苦功高的先進與前輩們，一路走來身軀往往早已失去了英年時的光芒。】**

# 不動產‧路與道。

時常與人們分享一個業內的心得，在這個行業打滾。假設沒有先天的背景與資源，通常得熬過三個關卡。

首：要能有賺錢的能力，要有高產值的獲利與實質成就。

二：要能有守財的能力，爬上頭時具備危機意識的穩定。

三：要能有再戰的能力，摔下來時有著東山再起的氣勢。

走到最後，剩下的就靠不戀戰與急流勇退的傳承智慧。

在不動產的世界之中，每一個世代每一段時機每一個過程，都是風水輪流轉，能長壽且穩定生存下來的，幾乎都被資源者所囊括去了，沒有永遠的英雄，也沒有永遠的梟雄，爬得越高，風險也就越大。

所以完全無法預料今年在你眼前的菜鳥，十年後會怎麼樣，二十年後會否是個一方之狼還是一個巨人。

這個行業很現實，也是個大染缸，也是個超大動物園。

今天你是個兔子，不代表以後你不是頭獅子。

今天你是隻老虎，不代表永遠都是萬獸之王。

牽扯利益這麼大的環境，比的是智，成的是能，穩的是人，定的是心，一個精神與思維需要不斷成長的工作。於此當然被淘汰者與工具人就會占到不少的比例，因為我們是高度競爭與高壓的職業特性，如果不夠堅強，如果沒有耐性，很快就會被除名下課了。

而這也是一個急不來的行業，通常磨練基礎沒個數來年甚至還不得其門而入，自我檢視的周期成長勘驗，也是很重要的工作態度，賺得錢多，不代表實力好，相對事業不順遂，也不表示沒有進步。

慢慢來也成了這個產業的代名詞，累積內涵、實力、專業、經驗，都需要時間，我們都希望自詡能算是一個建築人，在廣大的不動產領域之中，也許窮極一身都還無法完全熟知滲透，更何況想速成，那可是個天方夜譚。

當想求得什麼之前，得先思考一下自己有多少的能耐與資格，這個圈子沒有不勞而獲，即便讓你幸運遇著，那也是短暫的光芒，一瞬即逝。

有的人討厭「利用」這個詞，但若沒有被利用的價值，你又如何擁有選擇權呢？

職場如同賭桌，下注需要籌碼，商業談的是互惠雙贏，假使自己沒有給對方被利用的空間來創造優勢或好處，他們又憑什麼要給你機會呢？

現實的立基點是在於交換，以物易物，沒有物就以形易形，身為資方，就得創造勞方能從你身上獲取好處的被利用價值，優勢越多自然產值效力與忠誠度就越高。

身為勞方，當然也要創造資方能從你身上得到一定程度的效應，如果自己能帶來的價值越高自然就會順遂。

不要先顧著賺錢，也別眼紅旁人或其他建案有多賣，那都不關你的事，也都不該影響自己在成長之路上的心情。

做好自己該做的事，也總是努力好自己該完成的任務與目標，剩下的就差在你花了多少心血在塑造自己的深度。

然而時間過去後總是會給你一個最佳答案，而每一個階段的成果，也終將會考驗自己是否能有那種資格去承受那樣子的成就與地位。

人生的存款，不是只有金錢，也不是只有利益。

人生的價值，不是只有業績，也不是只有報表。

存的應該是健康，儲的應該是信用，蓄的應該是人脈。

如此你就有本錢拼事業，也有本事發展事業，更有力量擴展事業，剩下的，就交給福氣與智慧決定自己的路能走多遠吧。

**【話不可說盡，勢不可去盡，事不可做盡，凡事太盡，緣分勢必早盡。不要用你眼與耳去認識人，要用你的心去交往任何對象，客戶也好，同事也罷，慢慢地也就都可以從每個人的身上去吸收學習其優點，在以那些不好的缺點做為借鏡與警惕。天狂必有雨，人狂必有禍，低調是房地產業的好朋友。】**

# 面對低潮。

人，都會有情緒起伏，也會因為工作或私人因素產生許多無奈、無助，或無力感，低潮在所難免，也沒有人可以常態或永遠都在浪頭上。

有一說在職場上，能力很重要，被利用價值更重要。

追求收入與績效上的成就，追求身分地位上的成功。

但其實這些都是表面上的東西。

內涵與深度，固然是我們求生存的利器。

但若沒有成熟的心理素質，也很難開心。

低潮很多種，來自壓力、不順、打擊、挫折、不平、刺激，並非每一個人都能夠順利去化解它。

有的人會把它放一邊擺著爛，有的人卻會去挑戰它。

有的人會把它宣洩在旁人上，有的人卻會去調適它。

每個人都會有著心裡深處另外一個自己，可能比較黑暗，可能比較牢騷，可能比較負面，可能比較陰鬱，那些都是不為人知的某一面，也是不會輕易表現出來的那面。

沒有一生凡事都能如己願的人，也沒有可跳過酸苦辣的人生，意外總是存在於任何無法預料的時候，莫非定律也總是能磨練人心，我們勢必遲早都要學習如何去戰勝自己的心與情緒。

低潮是個過程，浪有起有落，不能只懂得從高潮中享受喜悅，更要學會從低潮裡來思考與沉澱。每當遇到這種不愉快的感覺，就要從正面思維中找方向，抗壓力比較差與玻璃心的人很容易被負面感受擊潰，以致於讓工作效率下降，沒有動力、幹勁。人的心情是齒輪運轉的潤滑油，也是加速產值的催化劑。它能夠讓你逆流而上，也能讓你萬劫不復，真正的勝利者與贏家，他們都是自律情緒的佼佼者。

所以不能把自己的負面感受，都牽拖到環境或及其周邊的人事物，那些你不想遇到的鳥事，其實都是上天讓你要更茁壯成長的養分，如果不能苦其心志，又怎能勝大任呢，又如何可以承擔成功後的責任呢？古語總是從人類發展經驗上給予文字上的智慧，而能否平常心的去蛻變，則是自己的考驗。

善盡事，不是只為賺錢，為的不僅是利。

名權勢，都是過眼雲煙，都是一瞬即逝。

沒有功成名就，一樣有低潮。

有了名利雙收，還是有低潮。

人的空虛與不滿足，不快樂與無力感，都不會因為你的社會地位、成就、職級而消失，每個階段都會有各自不同的煩惱與討人厭的情緒要解決。

你的低潮，有多艱苦，是否餓其體膚，能否勞其筋骨，可有行拂亂其所為？

在慘，這世上總是有人比你更慘。在倒楣，這世上也總是有人比你更倒楣。

很多時候，我們需要的不過是想通一個點，想開一個面，退一步後世界也不過就是這樣，也總是會豁然開朗，那些會吞噬自己的，永遠都是那潛意識下的惡魔，它的目的就是要讓你更加不順。

人們求神拜佛，為的是無形的保佑，安的是自己心靈的平靜，但若無法撫平自己於低潮之下的心情暗湧，那這過程也是枉然，無論透過什麼形式來緩解那些負面感受，最終還是得靠自己走過。
累是一天，不累也是一天，累不累都要過完這天。
苦是一天，不苦也是一天，苦不苦都要過完這天。
人在世上不就是種修為嗎？

**【任由情緒綁架而行的是動物，因為它們沒有思考能力。人類之所以偉大，是因為我們有複雜的心情，同時我們也有去戰勝與控制它們的能力，那是智慧，也是身為萬物之靈的天賦。善用它，吸收它，負面情緒一向都是最有營養的食糧。】**

國家圖書館出版品預行編目資料

丁丁的房產人生雜記2／丁丁著. --初版.--臺中市：白象文化，2020.10
面； 公分
ISBN 978-986-5526-65-8（平裝）
1.不動產業 2.通俗作品
554.89 109010001

# 丁丁的房產人生雜記2

作　　者　丁丁
校　　對　丁丁
專案主編　吳適意
出版編印　吳適意、林榮威、林孟侃、陳逸儒、黃麗穎
設計創意　張禮南、何佳諠
經銷推廣　李莉吟、莊博亞、劉育姍、李如玉
經紀企劃　張輝潭、洪怡欣、徐錦淳、黃姿虹
營運管理　林金郎、曾千熏
發 行 人　張輝潭
出版發行　白象文化事業有限公司
412台中市大里區科技路1號8樓之2（台中軟體園區）
出版專線：（04）2496-5995　傳真：（04）2496-9901
401台中市東區和平街228巷44號（經銷部）
購書專線：（04）2220-8589　傳真：（04）2220-8505
印　　刷　基盛印刷工場
初版一刷　2020年10月
初版二刷　2021年12月
定　　價　400元

缺頁或破損請寄回更換
版權歸作者所有，內容權責由作者自負

白象文化 www.ElephantWhite.com.tw
印書小舖 PressStore 出版經紀
出版・經銷・宣傳・設計
自費出版的領導者
購書 白象文化生活館